D0213587

Bryn Mawr Commentaries

Plato's *Euthyphro*

John E. Hare

Thomas Library, Bryn Mawr College
Bryn Mawr, Pennsylvania

WINGATE UNIVERSITY LIBRARY

Copyright ©1981, 1985 by Bryn Mawr Commentaries

Manufactured in the United States of America
ISBN 0-929524-25-X
Printed and distributed by
Bryn Mawr Commentaries
Thomas Library
Bryn Mawr College
Bryn Mawr, PA 19010

WINGATE UNIVERSITY LIBRARY

Series Preface

These lexical and grammatical notes are meant not as a full-scale commentary but as a clear and concise aid to the beginning student. The editors have been told to resist their critical impulses and to say only what will help the student read the text. Our commentaries, then, are the beginning of the interpretative process, not the end.

We expect that the student will know the basic Attic declensions and conjugations, basic grammar (the common functions of cases and moods; the common types of clauses and conditions), and how to use a dictionary. In general we have tried to avoid duplication of material easily extractable from the lexicon, but we have included help with odd verb forms, and, recognizing that endless page-flipping can be counter-productive, we have provided the occasional bonus of assistance with uncommon vocabulary. The bibliography lists a few works that have proved helpful as secondary reading.

The commentaries are based on the Oxford Classical Text unless otherwise noted. Oxford University Press has kindly allowed us to print its edition of the Greek text in cases where we thought it would be particularly beneficial to the student. The text was set by Stephen V. F. Waite of Logoi Systems (Hanover, N.H.).

Production of these commentaries has been made possible by a generous grant from the Division of Education Programs, the National Endowment for the Humanities.

Richard Hamilton, General Editor
Gregory W. Dickerson, Associate Editor
Gilbert P. Rose, Associate Editor

Volume Preface

For the second edition it seemed useful to write a brief introduction.

The subject of the dialogue is the right relationship between humans and gods. The ancient subtitle is περὶ ὁσίου "about (the) holy". A man is ὅσιος who lives in conformity with the religious νόμος. Sometimes "godly" or "pious" is a better translation.

We know very little about Euthyphro. He is a professional in matters of religion, a soothsayer, and an authority on the ways of gods. He may also be referred to in the *Cratylus* as an enthusiast about etymology.

The dialogue is set in 399 B.C., when Socrates is seventy years old. He has come to court on the charges of impiety and corrupting the young, on the basis of which he was subsequently convicted and executed. Since he claims not to know what piety is himself, he takes the opportunity of Euthyphro's presence at the same court to ask a professed expert. The dialogue is structured around Euthyphro's five attempts to answer this request—τὸ ὅσιον is what I am doing (5d8), what is loved by the gods (6e10), what is loved by all the gods (9e1), the part of justice concerned with service to the gods (12e5), and knowledge of how to pray and sacrifice (14c5).

Plato probably wrote the dialogue within twelve years of Socrates' death. Its accuracy as a historical record cannot be independently established.

The changes in the commentary from the first edition are largely due to Gil Rose. The text is the Oxford Classical Text *Platonis Opera* Vol. I ed. John Burnet (Oxford 1900).

John Hare
Bethlehem, PA
September 1984

ΕΥΘΥΦΡΩΝ

ΕΥΘΥΦΡΩΝ   ΣΩΚΡΑΤΗΣ

ΕΥΘ. Τί νεώτερον, ὦ Σώκρατες, γέγονεν, ὅτι σὺ τὰς ἐν a
Λυκείῳ καταλιπὼν διατριβὰς ἐνθάδε νῦν διατρίβεις περὶ τὴν
τοῦ βασιλέως στοάν; οὐ γάρ που καὶ σοί γε δίκη τις οὖσα
τυγχάνει πρὸς τὸν βασιλέα ὥσπερ ἐμοί.

ΣΩ. Οὔτοι δὴ Ἀθηναῖοί γε, ὦ Εὐθύφρων, δίκην αὐτὴν 5
καλοῦσιν ἀλλὰ γραφήν.

ΕΥΘ. Τί φῄς; γραφὴν σέ τις, ὡς ἔοικε, γέγραπται· οὐ b
γὰρ ἐκεῖνό γε καταγνώσομαι, ὡς σὺ ἕτερον.

ΣΩ. Οὐ γὰρ οὖν.

ΕΥΘ. Ἀλλὰ σὲ ἄλλος;

ΣΩ. Πάνυ γε.   5

ΕΥΘ. Τίς οὗτος;

ΣΩ. Οὐδ' αὐτὸς πάνυ τι γιγνώσκω, ὦ Εὐθύφρων, τὸν
ἄνδρα, νέος γάρ τίς μοι φαίνεται καὶ ἀγνώς· ὀνομάζουσι
μέντοι αὐτόν, ὡς ἐγῷμαι, Μέλητον. ἔστι δὲ τῶν δήμων
Πιτθεύς, εἴ τινα νῷ ἔχεις Πιτθέα Μέλητον οἷον τετανότριχα 10
καὶ οὐ πάνυ εὐγένειον, ἐπίγρυπον δέ.

ΕΥΘ. Οὐκ ἐννοῶ, ὦ Σώκρατες· ἀλλὰ δὴ τίνα γραφὴν
σε γέγραπται;   c

ΣΩ. Ἥντινα; οὐκ ἀγεννῆ, ἔμοιγε δοκεῖ· τὸ γὰρ νέον

---

a 3 γε B : om. T   a 5 ὦ Εὐθύφρων constanter B T, plerumque
W : ὦ Εὐθύφρον B²   b 2 σὺ B : σύ γε T   c 2 ὡς ἔμοιγε W t

ὄντα τοσοῦτον πρᾶγμα ἐγνωκέναι οὐ φαῦλόν ἐστιν. ἐκεῖνος
γάρ, ὥς φησιν, οἶδε τίνα τρόπον οἱ νέοι διαφθείρονται καὶ
5 τίνες οἱ διαφθείροντες αὐτούς. καὶ κινδυνεύει σοφός τις
εἶναι, καὶ τὴν ἐμὴν ἀμαθίαν κατιδὼν ὡς διαφθείροντος τοὺς
ἡλικιώτας αὐτοῦ, ἔρχεται κατηγορήσων μου ὥσπερ πρὸς
μητέρα πρὸς τὴν πόλιν. καὶ φαίνεταί μοι τῶν πολιτικῶν
d μόνος ἄρχεσθαι ὀρθῶς· ὀρθῶς γάρ ἐστι τῶν νέων πρῶτον
ἐπιμεληθῆναι ὅπως ἔσονται ὅτι ἄριστοι, ὥσπερ γεωργὸν
ἀγαθὸν τῶν νέων φυτῶν εἰκὸς πρῶτον ἐπιμεληθῆναι, μετὰ
δὲ τοῦτο καὶ τῶν ἄλλων. καὶ δὴ καὶ Μέλητος ἴσως πρῶτον
3 μὲν ἡμᾶς ἐκκαθαίρει τοὺς τῶν νέων τὰς βλάστας διαφθεί-
ροντας, ὥς φησιν· ἔπειτα μετὰ τοῦτο δῆλον ὅτι τῶν πρεσ-
βυτέρων ἐπιμεληθεὶς πλείστων καὶ μεγίστων ἀγαθῶν αἴτιος
τῇ πόλει γενήσεται, ὥς γε τὸ εἰκὸς συμβῆναι ἐκ τοιαύτης
5 ἀρχῆς ἀρξαμένῳ.

ΕΥΘ. Βουλοίμην ἄν, ὦ Σώκρατες, ἀλλ' ὀρρωδῶ μὴ τοὐ-
ναντίον γένηται· ἀτεχνῶς γάρ μοι δοκεῖ ἀφ' ἑστίας ἄρχεσθαι
κακουργεῖν τὴν πόλιν, ἐπιχειρῶν ἀδικεῖν σέ. καί μοι λέγε,
τί καὶ ποιοῦντά σέ φησι διαφθείρειν τοὺς νέους;
b ΣΩ. Ἄτοπα, ὦ θαυμάσιε, ὡς οὕτω γ' ἀκοῦσαι. φησὶ γάρ
με ποιητὴν εἶναι θεῶν, καὶ ὡς καινοὺς ποιοῦντα θεοὺς τοὺς
δ' ἀρχαίους οὐ νομίζοντα ἐγράψατο τούτων αὐτῶν ἕνεκα,
ὥς φησιν.
5 ΕΥΘ. Μανθάνω, ὦ Σώκρατες· ὅτι δὴ σὺ τὸ δαιμόνιον
φῂς σαυτῷ ἑκάστοτε γίγνεσθαι. ὡς οὖν καινοτομοῦντός
σου περὶ τὰ θεῖα γέγραπται ταύτην τὴν γραφήν, καὶ ὡς
διαβαλῶν δὴ ἔρχεται εἰς τὸ δικαστήριον, εἰδὼς ὅτι εὐδιά-
βολα τὰ τοιαῦτα πρὸς τοὺς πολλούς. καὶ ἐμοῦ γάρ τοι,
c ὅταν τι λέγω ἐν τῇ ἐκκλησίᾳ περὶ τῶν θείων, προλέγων
αὐτοῖς τὰ μέλλοντα, καταγελῶσιν ὡς μαινομένου· καίτοι

c 7 ὥσπερ T W : ὡς B   c 8 πρὸς om. al. Cobet   a 2 ὡς B T
γρ. W : τέως W   b 2 ποιητὴν εἶναί με T   b 8 διαβαλὼν (sic)
B T w : διαβάλλων W t : ἐν ἄλλῳ διαβάλλων B²

οὐδὲν ὅτι οὐκ ἀληθὲς εἴρηκα ὧν προεῖπον, ἀλλ' ὅμως φθο-
νοῦσιν ἡμῖν πᾶσι τοῖς τοιούτοις. ἀλλ' οὐδὲν αὐτῶν χρὴ
φροντίζειν, ἀλλ' ὁμόσε ἰέναι.   5
ΣΩ. Ὦ φίλε Εὐθύφρων, ἀλλὰ τὸ μὲν καταγελασθῆναι
ἴσως οὐδὲν πρᾶγμα. Ἀθηναίοις γάρ τοι, ὡς ἐμοὶ δοκεῖ,
οὐ σφόδρα μέλει ἄν τινα δεινὸν οἴωνται εἶναι, μὴ μέντοι
διδασκαλικὸν τῆς αὐτοῦ σοφίας· ὃν δ' ἂν καὶ ἄλλους οἴων-
ται ποιεῖν τοιούτους, θυμοῦνται, εἴτ' οὖν φθόνῳ ὡς σὺ λέγεις, d
εἴτε δι' ἄλλο τι.
ΕΥΘ. Τούτου οὖν πέρι ὅπως ποτὲ πρὸς ἐμὲ ἔχουσιν, οὐ
πάνυ ἐπιθυμῶ πειραθῆναι.
ΣΩ. Ἴσως γὰρ σὺ μὲν δοκεῖς σπάνιον σεαυτὸν παρέχειν 5
καὶ διδάσκειν οὐκ ἐθέλειν τὴν σεαυτοῦ σοφίαν· ἐγὼ δὲ
φοβοῦμαι μὴ ὑπὸ φιλανθρωπίας δοκῶ αὐτοῖς ὅτιπερ ἔχω
ἐκκεχυμένως παντὶ ἀνδρὶ λέγειν, οὐ μόνον ἄνευ μισθοῦ, ἀλλὰ
καὶ προστιθεὶς ἂν ἡδέως εἴ τίς μου ἐθέλει ἀκούειν. εἰ
μὲν οὖν, ὃ νυνδὴ ἔλεγον, μέλλοιέν μου καταγελᾶν ὥσπερ 10
σὺ φῂς σαυτοῦ, οὐδὲν ἂν εἴη ἀηδὲς παίζοντας καὶ γελῶντας e
ἐν τῷ δικαστηρίῳ διαγαγεῖν· εἰ δὲ σπουδάσονται, τοῦτ' ἤδη
ὅπῃ ἀποβήσεται ἄδηλον πλὴν ὑμῖν τοῖς μάντεσιν.
ΕΥΘ. Ἀλλ' ἴσως οὐδὲν ἔσται, ὦ Σώκρατες, πρᾶγμα, ἀλλὰ
σύ τε κατὰ νοῦν ἀγωνιῇ τὴν δίκην, οἶμαι δὲ καὶ ἐμὲ τὴν 5
ἐμήν.
ΣΩ. Ἔστιν δὲ δὴ σοί, ὦ Εὐθύφρων, τίς ἡ δίκη;
φεύγεις αὐτὴν ἢ διώκεις;
ΕΥΘ. Διώκω.
ΣΩ. Τίνα;   10
ΕΥΘ. Ὃν διώκων αὖ δοκῶ μαίνεσθαι.   4
ΣΩ. Τί δέ; πετόμενόν τινα διώκεις;
ΕΥΘ. Πολλοῦ γε δεῖ πέτεσθαι, ὅς γε τυγχάνει ὢν εὖ
μάλα πρεσβύτης.

d 7 ὅτι παρέχω pr. W   d 9 ἐθέλει T : ἐθέλοι B t   e 2 διάγειν
pr. W   σπουδάσονται B² T W Arm. : σπουδάζοντας B   a 3 γε
δεῖ B T : γε καὶ δεῖ W

5 ΣΩ. Τίς οὗτος;

ΕΥΘ. Ὁ ἐμὸς πατήρ.

ΣΩ. Ὁ σός, ὦ βέλτιστε;

ΕΥΘ. Πάνυ μὲν οὖν.

ΣΩ. Ἔστιν δὲ τί τὸ ἔγκλημα καὶ τίνος ἡ δίκη;

10 ΕΥΘ. Φόνου, ὦ Σώκρατες.

ΣΩ. Ἡράκλεις. ἦ που, ὦ Εὐθύφρων, ἀγνοεῖται ὑπὸ τῶν πολλῶν ὅπῃ ποτὲ ὀρθῶς ἔχει· οὐ γὰρ οἶμαί γε τοῦ ἐπιτυ-
b χόντος [ὀρθῶς] αὐτὸ πρᾶξαι ἀλλὰ πόρρω που ἤδη σοφίας ἐλαύνοντος.

ΕΥΘ. Πόρρω μέντοι νὴ Δία, ὦ Σώκρατες.

ΣΩ. Ἔστιν δὲ δὴ τῶν οἰκείων τις ὁ τεθνεὼς ὑπὸ τοῦ
5 σοῦ πατρός; ἢ δῆλα δή; οὐ γὰρ ἄν που ὑπέρ γε ἀλλο-
τρίου ἐπεξῇσθα φόνου αὐτῷ.

ΕΥΘ. Γελοῖον, ὦ Σώκρατες, ὅτι οἴει τι διαφέρειν εἴτε ἀλλότριος εἴτε οἰκεῖος ὁ τεθνεώς, ἀλλ᾽ οὐ τοῦτο μόνον δεῖν φυλάττειν, εἴτε ἐν δίκῃ ἔκτεινεν ὁ κτείνας εἴτε μή, καὶ εἰ
10 μὲν ἐν δίκῃ, ἐᾶν, εἰ δὲ μή, ἐπεξιέναι, ἐάνπερ ὁ κτείνας συν-
c έστιός σοι καὶ ὁμοτράπεζος ᾖ· ἴσον γὰρ τὸ μίασμα γίγνεται ἐὰν συνῇς τῷ τοιούτῳ συνειδὼς καὶ μὴ ἀφοσιοῖς σεαυτόν τε καὶ ἐκεῖνον τῇ δίκῃ ἐπεξιών. ἐπεὶ ὅ γε ἀποθανὼν πελάτης τις ἦν ἐμός, καὶ ὡς ἐγεωργοῦμεν ἐν τῇ Νάξῳ, ἐθήτευεν
5 ἐκεῖ παρ᾽ ἡμῖν. παροινήσας οὖν καὶ ὀργισθεὶς τῶν οἰκετῶν τινι τῶν ἡμετέρων ἀποσφάττει αὐτόν. ὁ οὖν πατὴρ συνδή-
σας τοὺς πόδας καὶ τὰς χεῖρας αὐτοῦ, καταβαλὼν εἰς τάφρον τινά, πέμπει δεῦρο ἄνδρα πευσόμενον τοῦ ἐξηγητοῦ ὅτι χρείη
d ποιεῖν. ἐν δὲ τούτῳ τῷ χρόνῳ τοῦ δεδεμένου ὠλιγώρει τε καὶ ἠμέλει ὡς ἀνδροφόνου καὶ οὐδὲν ὂν πρᾶγμα εἰ καὶ ἀπο-
θάνοι, ὅπερ οὖν καὶ ἔπαθεν· ὑπὸ γὰρ λιμοῦ καὶ ῥίγους καὶ

a 12 ἐπιτυχόντος Β : ἐπιτυχόντος εἶναι Τ W   b 1 ὀρθῶς seclusi
ἤδη Β Τ : om. W   b 5 του ὑπέρ γε ἀλλοτρίου Τ : πού γε ὑπὲρ
ἀλλοτρίου Β : ποτε ὑπὲρ ἀλλοτρίου γε W   c 8 χρείη pr. Β Suidas :
χρὴ Β² Τ W

τῶν δεσμῶν ἀποθνήσκει πρὶν τὸν ἄγγελον παρὰ τοῦ ἐξηγη-
τοῦ ἀφικέσθαι. ταῦτα δὴ οὖν καὶ ἀγανακτεῖ ὅ τε πατὴρ καὶ 5
οἱ ἄλλοι οἰκεῖοι, ὅτι ἐγὼ ὑπὲρ τοῦ ἀνδροφόνου τῷ πατρὶ
φόνου ἐπεξέρχομαι οὔτε ἀποκτείναντι, ὥς φασιν ἐκεῖνοι,
οὔτ᾽ εἰ ὅτι μάλιστα ἀπέκτεινεν, ἀνδροφόνου γε ὄντος τοῦ
ἀποθανόντος, οὐ δεῖν φροντίζειν ὑπὲρ τοῦ τοιούτου—ἀνόσιον
γὰρ εἶναι τὸ ὑὸν πατρὶ φόνου ἐπεξιέναι—κακῶς εἰδότες, e
ὦ Σώκρατες, τὸ θεῖον ὡς ἔχει τοῦ ὁσίου τε πέρι καὶ τοῦ
ἀνοσίου.

ΣΩ. Σὺ δὲ δὴ πρὸς Διός, ὦ Εὐθύφρων, οὑτωσὶ ἀκριβῶς
οἴει ἐπίστασθαι περὶ τῶν θείων ὅπῃ ἔχει, καὶ τῶν ὁσίων τε 5
καὶ ἀνοσίων, ὥστε τούτων οὕτω πραχθέντων ὡς σὺ λέγεις,
οὐ φοβῇ δικαζόμενος τῷ πατρὶ ὅπως μὴ αὖ σὺ ἀνόσιον
πρᾶγμα τυγχάνῃς πράττων;

ΕΥΘ. Οὐδὲν γὰρ ἄν μου ὄφελος εἴη, ὦ Σώκρατες, οὐδέ
τῳ ἂν διαφέροι Εὐθύφρων τῶν πολλῶν ἀνθρώπων, εἰ μὴ τὰ 5
τοιαῦτα πάντα ἀκριβῶς εἰδείην.

ΣΩ. Ἆρ᾽ οὖν μοι, ὦ θαυμάσιε Εὐθύφρων, κράτιστόν ἐστι
μαθητῇ σῷ γενέσθαι, καὶ πρὸ τῆς γραφῆς τῆς πρὸς Μέλητον
αὐτὰ ταῦτα προκαλεῖσθαι αὐτόν, λέγοντα ὅτι ἔγωγε καὶ ἐν 5
τῷ ἔμπροσθεν χρόνῳ τὰ θεῖα περὶ πολλοῦ ἐποιούμην εἰδέναι,
καὶ νῦν ἐπειδή με ἐκεῖνος αὐτοσχεδιάζοντά φησι καὶ καινοτο-
μοῦντα περὶ τῶν θείων ἐξαμαρτάνειν, μαθητὴς δὴ γέγονα σός
—"καὶ εἰ μέν, ὦ Μέλητε," φαίην ἄν, "Εὐθύφρονα ὁμολογεῖς
σοφὸν εἶναι τὰ τοιαῦτα, [καὶ] ὀρθῶς νομίζειν καὶ ἐμὲ ἡγοῦ b
καὶ μὴ δικάζου· εἰ δὲ μή, ἐκείνῳ τῷ διδασκάλῳ λάχε δίκην
πρότερον ἢ ἐμοί, ὡς τοὺς πρεσβυτέρους διαφθείροντι ἐμέ τε
καὶ τὸν αὐτοῦ πατέρα, ἐμὲ μὲν διδάσκοντι, ἐκεῖνον δὲ νουθε-
τοῦντί τε καὶ κολάζοντι"—καὶ ἂν μή μοι πείθηται μηδὲ ἀφίῃ 5

d 5 ταῦτα] ταύτῃ B²   d 7 ἐπεξέρχομαι B T : ἐξέρχομαι W
e 9 ἄν T : om. B   μου Heusde : μοι B T   a 7 φησι B : om. T
b 1 καὶ seclusi   καὶ ἐμὲ T W b Arm. : ἐμὲ B   b 4-5 διδάσκοντι
... νουθετοῦντι ... κολάζοντι] διδάσκοντα ... νουθετοῦντα ... κολάζοντα
B T   b 5 τε B : om. T

τῆς δίκης ἢ ἀντ᾽ ἐμοῦ γράφηται σέ, αὐτὰ ταῦτα λέγειν ἐν τῷ
δικαστηρίῳ ἃ προυκαλούμην αὐτόν;

ΕΥΘ. Ναὶ μὰ Δία, ὦ Σώκρατες, εἰ ἄρα ἐμὲ ἐπιχειρήσειε
c γράφεσθαι, εὕροιμ᾽ ἄν, ὡς οἶμαι, ὅπῃ σαθρός ἐστιν, καὶ πολὺ
ἂν ἡμῖν πρότερον περὶ ἐκείνου λόγος ἐγένετο ἐν τῷ δικαστηρίῳ
ἢ περὶ ἐμοῦ.

ΣΩ. Καὶ ἐγώ τοι, ὦ φίλε ἑταῖρε, ταῦτα γιγνώσκων
5 μαθητὴς ἐπιθυμῶ γενέσθαι σός, εἰδὼς ὅτι καὶ ἄλλος πού τις
καὶ ὁ Μέλητος οὗτος σὲ μὲν οὐδὲ δοκεῖ ὁρᾶν, ἐμὲ δὲ οὕτως
ὀξέως [ἀτεχνῶς] καὶ ῥᾳδίως κατεῖδεν ὥστε ἀσεβείας ἐγρά-
ψατο. νῦν οὖν πρὸς Διὸς λέγε μοι ὃ νυνδὴ σαφῶς εἰδέναι
διισχυρίζου, ποῖόν τι τὸ εὐσεβὲς φῂς εἶναι καὶ τὸ ἀσεβὲς
d καὶ περὶ φόνου καὶ περὶ τῶν ἄλλων; ἢ οὐ ταὐτόν ἐστιν ἐν
πάσῃ πράξει τὸ ὅσιον αὐτὸ αὑτῷ, καὶ τὸ ἀνόσιον αὖ τοῦ μὲν
ὁσίου παντὸς ἐναντίον, αὐτὸ δὲ αὑτῷ ὅμοιον καὶ ἔχον μίαν
τινὰ ἰδέαν κατὰ τὴν ἀνοσιότητα πᾶν ὅτιπερ ἂν μέλλῃ
5 ἀνόσιον εἶναι;

ΕΥΘ. Πάντως δήπου, ὦ Σώκρατες.

ΣΩ. Λέγε δή, τί φῂς εἶναι τὸ ὅσιον καὶ τί τὸ ἀνόσιον;

ΕΥΘ. Λέγω τοίνυν ὅτι τὸ μὲν ὅσιόν ἐστιν ὅπερ ἐγὼ νῦν
ποιῶ, τῷ ἀδικοῦντι ἢ περὶ φόνους ἢ περὶ ἱερῶν κλοπὰς ἤ τι
10 ἄλλο τῶν τοιούτων ἐξαμαρτάνοντι ἐπεξιέναι, ἐάντε πατὴρ
e ὢν τυγχάνῃ ἐάντε μήτηρ ἐάντε ἄλλος ὁστισοῦν, τὸ δὲ μὴ
ἐπεξιέναι ἀνόσιον· ἐπεί, ὦ Σώκρατες, θέασαι ὡς μέγα σοι ἐρῶ
τεκμήριον τοῦ νόμου ὅτι οὕτως ἔχει—ὃ καὶ ἄλλοις ἤδη εἶπον,
ὅτι ταῦτα ὀρθῶς ἂν εἴη οὕτω γιγνόμενα—μὴ ἐπιτρέπειν τῷ ἀσε-
5 βοῦντι μηδ᾽ ἂν ὁστισοῦν τυγχάνῃ ὤν. αὐτοὶ γὰρ οἱ ἄνθρωποι
τυγχάνουσι νομίζοντες τὸν Δία τῶν θεῶν ἄριστον καὶ δικαιό-

b 8 ἐμὲ T: με B   c 2 ἐγένετο B: γένοιτο B² T W Arm.
c 7 ἀτεχνῶς T: om. B   c 8 νῦν δὴ B: νῦν T (sed c 9 δὴ
supra τι)   d 4 ἀνοσιότητα T w: ὁσιότητα B: μὴ ὁσιότητα Arm.
d 7 καὶ τί τὸ B² T (ex emend.) W Arm.: καὶ τὸ B   e 3 τοῦ νομίμου
Baumann: an τοὐννόμου? Schanz   e 4-5 ὅτι . . . τυγχάνῃ ὤν secl.
Rassow: ὅτι . . . γιγνόμενα secl. Schanz

τατον, καὶ τοῦτον ὁμολογοῦσι τὸν αὑτοῦ πατέρα δῆσαι ὅτι 6
τοὺς ὑεῖς κατέπινεν οὐκ ἐν δίκῃ, κἀκεῖνόν γε αὖ τὸν αὑτοῦ
πατέρα ἐκτεμεῖν δι' ἕτερα τοιαῦτα· ἐμοὶ δὲ χαλεπαίνουσιν
ὅτι τῷ πατρὶ ἐπεξέρχομαι ἀδικοῦντι, καὶ οὕτως αὐτοὶ αὑτοῖς
τὰ ἐναντία λέγουσι περί τε τῶν θεῶν καὶ περὶ ἐμοῦ.   5

ΣΩ. Ἆρά γε, ὦ Εὐθύφρων, τοῦτ' ἔστιν [οὗ] οὕνεκα τὴν
γραφὴν φεύγω, ὅτι τὰ τοιαῦτα ἐπειδάν τις περὶ τῶν θεῶν
λέγῃ, δυσχερῶς πως ἀποδέχομαι; διὸ δή, ὡς ἔοικε, φήσει
τίς με ἐξαμαρτάνειν. νῦν οὖν εἰ καὶ σοὶ ταῦτα συνδοκεῖ τῷ
εὖ εἰδότι περὶ τῶν τοιούτων, ἀνάγκη δή, ὡς ἔοικε, καὶ ἡμῖν b
συγχωρεῖν. τί γὰρ καὶ φήσομεν, οἵ γε καὶ αὐτοὶ ὁμολο-
γοῦμεν περὶ αὐτῶν μηδὲν εἰδέναι; ἀλλά μοι εἰπὲ πρὸς
Φιλίου, σὺ ὡς ἀληθῶς ἡγῇ ταῦτα οὕτως γεγονέναι;

ΕΥΘ. Καὶ ἔτι γε τούτων θαυμασιώτερα, ὦ Σώκρατες, ἃ 5
οἱ πολλοὶ οὐκ ἴσασιν.

ΣΩ. Καὶ πόλεμον ἆρα ἡγῇ σὺ εἶναι τῷ ὄντι ἐν τοῖς θεοῖς
πρὸς ἀλλήλους, καὶ ἔχθρας γε δεινὰς καὶ μάχας καὶ ἄλλα
τοιαῦτα πολλά, οἷα λέγεταί τε ὑπὸ τῶν ποιητῶν, καὶ ὑπὸ τῶν
ἀγαθῶν γραφέων τά τε ἄλλα ἱερὰ ἡμῖν καταπεποίκιλται, καὶ c
δὴ καὶ τοῖς μεγάλοις Παναθηναίοις ὁ πέπλος μεστὸς τῶν
τοιούτων ποικιλμάτων ἀνάγεται εἰς τὴν ἀκρόπολιν; ταῦτα
ἀληθῆ φῶμεν εἶναι, ὦ Εὐθύφρων;

ΕΥΘ. Μὴ μόνον γε, ὦ Σώκρατες, ἀλλ' ὅπερ ἄρτι εἶπον, 5
καὶ ἄλλα σοι ἐγὼ πολλά, ἐάνπερ βούλῃ, περὶ τῶν θείων
διηγήσομαι, ἃ σὺ ἀκούων εὖ οἶδ' ὅτι ἐκπλαγήσῃ.

ΣΩ. Οὐκ ἂν θαυμάζοιμι. ἀλλὰ ταῦτα μέν μοι εἰς αὖθις
ἐπὶ σχολῆς διηγήσῃ· νυνὶ δὲ ὅπερ ἄρτι σε ἠρόμην πειρῶ
σαφέστερον εἰπεῖν. οὐ γάρ με, ὦ ἑταῖρε, τὸ πρότερον d
ἱκανῶς ἐδίδαξας ἐρωτήσαντα τὸ ὅσιον ὅτι ποτ' εἴη, ἀλλά μοι

a 6 οὕνεκα Schanz : οὗ οὕνεκα B T (sed ἒ in marg. T)   a 8 διὸ T
(sed a supra versum) : δι' ἃ B Eusebius   b 2 καὶ αὐτοὶ T Arm. :
αὐτοὶ B Eusebius   b 6 supra πολλοὶ add. λοιπ T   b 8 ἔχθρας γε
B Eusebius : ἔχθρας T   b 9 λέγεταί τε B Eusebius : λέγεται
T W Arm.   c 5 μόνον B W : μόνα B² T W² Eusebius   c 6 θείων]
θεῶν Arm. Eusebius   c 9 σχολὴν W

εἶπες ὅτι τοῦτο τυγχάνει ὅσιον ὂν ὃ σὺ νῦν ποιεῖς, φόνου
ἐπεξιὼν τῷ πατρί.

5 ΕΥΘ. Καὶ ἀληθῆ γε ἔλεγον, ὦ Σώκρατες.

ΣΩ. Ἴσως. ἀλλὰ γάρ, ὦ Εὐθύφρων, καὶ ἄλλα πολλὰ
φῂς εἶναι ὅσια.

ΕΥΘ. Καὶ γὰρ ἔστιν.

ΣΩ. Μέμνησαι οὖν ὅτι οὐ τοῦτό σοι διεκελευόμην, ἕν τι
10 ἢ δύο με διδάξαι τῶν πολλῶν ὁσίων, ἀλλ᾽ ἐκεῖνο αὐτὸ τὸ
εἶδος ᾧ πάντα τὰ ὅσια ὅσιά ἐστιν; ἔφησθα γάρ που μιᾷ ἰδέᾳ
e τά τε ἀνόσια ἀνόσια εἶναι καὶ τὰ ὅσια ὅσια· ἢ οὐ μνημονεύεις;

ΕΥΘ. Ἔγωγε.

ΣΩ. Ταύτην τοίνυν με αὐτὴν δίδαξον τὴν ἰδέαν τίς ποτέ
ἐστιν, ἵνα εἰς ἐκείνην ἀποβλέπων καὶ χρώμενος αὐτῇ παρα-
5 δείγματι, ὃ μὲν ἂν τοιοῦτον ᾖ ὧν ἂν ἢ σὺ ἢ ἄλλος τις
πράττῃ φῶ ὅσιον εἶναι, ὃ δ᾽ ἂν μὴ τοιοῦτον, μὴ φῶ.

ΕΥΘ. Ἀλλ᾽ εἰ οὕτω βούλει, ὦ Σώκρατες, καὶ οὕτω σοι
φράσω.

ΣΩ. Ἀλλὰ μὴν βούλομαί γε.

10 ΕΥΘ. Ἔστι τοίνυν τὸ μὲν τοῖς θεοῖς προσφιλὲς ὅσιον, τὸ
7 δὲ μὴ προσφιλὲς ἀνόσιον.

ΣΩ. Παγκάλως, ὦ Εὐθύφρων, καὶ ὡς ἐγὼ ἐζήτουν ἀποκρίνα-
σθαί σε, οὕτω νῦν ἀπεκρίνω. εἰ μέντοι ἀληθῶς, τοῦτο οὔπω
οἶδα, ἀλλὰ σὺ δῆλον ὅτι ἐπεκδιδάξεις ὡς ἔστιν ἀληθῆ ἃ λέγεις.

5 ΕΥΘ. Πάνυ μὲν οὖν.

ΣΩ. Φέρε δή, ἐπισκεψώμεθα τί λέγομεν. τὸ μὲν θεο-
φιλές τε καὶ θεοφιλὴς ἄνθρωπος ὅσιος, τὸ δὲ θεομισὲς καὶ ὁ
θεομισὴς ἀνόσιος· οὐ ταὐτὸν δ᾽ ἐστίν, ἀλλὰ τὸ ἐναντιώτατον,
τὸ ὅσιον τῷ ἀνοσίῳ· οὐχ οὕτως;

10 ΕΥΘ. Οὕτω μὲν οὖν.

ΣΩ. Καὶ εὖ γε φαίνεται εἰρῆσθαι;

b ΕΥΘ. Δοκῶ, ὦ Σώκρατες. [εἴρηται γάρ.]

---

d 3 σὺ om. pr.W   **d 7** ὅσια post **d 8** ἔστιν transp. B   **a 3** ἀληθῶς
B : ὡς ἀληθῶς T   **a 7** καὶ θεοφιλὴς W : καὶ ὁ θεοφιλὴς B T   **b 1** εἴ-
ρηται γάρ secl. Naber

ΣΩ. Οὐκοῦν καὶ ὅτι στασιάζουσιν οἱ θεοί, ὦ Εὐθύφρων, καὶ διαφέρονται ἀλλήλοις καὶ ἔχθρα ἐστὶν ἐν αὐτοῖς πρὸς ἀλλήλους, καὶ τοῦτο εἴρηται;

ΕΥΘ. Εἴρηται γάρ.

ΣΩ. Ἔχθραν δὲ καὶ ὀργάς, ὦ ἄριστε, ἡ περὶ τίνων διαφορὰ ποιεῖ; ὧδε δὲ σκοπῶμεν. ἆρ' ἂν εἰ διαφεροίμεθα ἐγώ τε καὶ σὺ περὶ ἀριθμοῦ ὁπότερα πλείω, ἡ περὶ τούτων διαφορὰ ἐχθροὺς ἂν ἡμᾶς ποιοῖ καὶ ὀργίζεσθαι ἀλλήλοις, ἢ ἐπὶ λογισμὸν ἐλθόντες περί γε τῶν τοιούτων ταχὺ ἂν ἀπαλλαγεῖμεν;

ΕΥΘ. Πάνυ γε.

ΣΩ. Οὐκοῦν καὶ περὶ τοῦ μείζονος καὶ ἐλάττονος εἰ διαφεροίμεθα, ἐπὶ τὸ μετρεῖν ἐλθόντες ταχὺ παυσαίμεθ' ἂν τῆς διαφορᾶς;

ΕΥΘ. Ἔστι ταῦτα.

ΣΩ. Καὶ ἐπί γε τὸ ἱστάναι ἐλθόντες, ὡς ἐγῷμαι, περὶ τοῦ βαρυτέρου τε καὶ κουφοτέρου διακριθεῖμεν ἄν;

ΕΥΘ. Πῶς γὰρ οὔ;

ΣΩ. Περὶ τίνος δὲ δὴ διενεχθέντες καὶ ἐπὶ τίνα κρίσιν οὐ δυνάμενοι ἀφικέσθαι ἐχθροί γε ἂν ἀλλήλοις εἶμεν καὶ ὀργιζοίμεθα; ἴσως οὐ πρόχειρόν σοί ἐστιν, ἀλλ' ἐμοῦ λέγοντος σκόπει εἰ τάδε ἐστὶ τό τε δίκαιον καὶ τὸ ἄδικον καὶ καλὸν καὶ αἰσχρὸν καὶ ἀγαθὸν καὶ κακόν. ἆρα οὐ ταῦτά ἐστιν περὶ ὧν διενεχθέντες καὶ οὐ δυνάμενοι ἐπὶ ἱκανὴν κρίσιν αὐτῶν ἐλθεῖν ἐχθροὶ ἀλλήλοις γιγνόμεθα, ὅταν γιγνώμεθα, καὶ ἐγὼ καὶ σὺ καὶ οἱ ἄλλοι ἄνθρωποι πάντες;

ΕΥΘ. Ἀλλ' ἔστιν αὕτη ἡ διαφορά, ὦ Σώκρατες, καὶ περὶ τούτων.

ΣΩ. Τί δὲ οἱ θεοί, ὦ Εὐθύφρων; οὐκ εἴπερ τι διαφέρονται, δι' αὐτὰ ταῦτα διαφέροιντ' ἄν;

b 2 ὦ Εὐθύφρων post b 3 ἀλλήλοις T   c 4 μετρεῖν T W Arm. : μέτριον B : μέτρον al.   c 10 ἐπὶ τίνα] ἐπί τινα Schanz   c 11 γε B : τε T   ἦμεν B : εἴημεν T   d 4 ἐχθροὶ B T : ἐχθροί γε W d 9 δι' αὐτὰ ταῦτα T : διὰ ταῦτα B : διὰ ταῦτα ταῦτα W

10 ΕΥΘ. Πολλὴ ἀνάγκη.

e ΣΩ. Καὶ τῶν θεῶν ἄρα, ὦ γενναῖε Εὐθύφρων, ἄλλοι
ἄλλα δίκαια ἡγοῦνται κατὰ τὸν σὸν λόγον, καὶ καλὰ καὶ
αἰσχρὰ καὶ ἀγαθὰ καὶ κακά· οὐ γὰρ ἄν που ἐστασίαζον
ἀλλήλοις εἰ μὴ περὶ τούτων διεφέροντο· ἦ γάρ;

5 ΕΥΘ. Ὀρθῶς λέγεις.

ΣΩ. Οὐκοῦν ἅπερ καλὰ ἡγοῦνται ἕκαστοι καὶ ἀγαθὰ καὶ
δίκαια, ταῦτα καὶ φιλοῦσιν, τὰ δὲ ἐναντία τούτων μισοῦσιν;

ΕΥΘ. Πάνυ γε.

ΣΩ. Ταὐτὰ δέ γε, ὡς σὺ φῄς, οἱ μὲν δίκαια ἡγοῦνται,
8 οἱ δὲ ἄδικα, περὶ ἃ καὶ ἀμφισβητοῦντες στασιάζουσί τε καὶ
πολεμοῦσιν ἀλλήλοις· ἆρα οὐχ οὕτω;

ΕΥΘ. Οὕτω.

ΣΩ. Ταῦτ' ἄρα, ὡς ἔοικεν, μισεῖταί τε ὑπὸ τῶν θεῶν
5 καὶ φιλεῖται, καὶ θεομισῆ τε καὶ θεοφιλῆ ταῦτ' ἂν εἴη.

ΕΥΘ. Ἔοικεν.

ΣΩ. Καὶ ὅσια ἄρα καὶ ἀνόσια τὰ αὐτὰ ἂν εἴη, ὦ Εὐθύ-
φρων, τούτῳ τῷ λόγῳ.

ΕΥΘ. Κινδυνεύει.

10 ΣΩ. Οὐκ ἄρα ὃ ἠρόμην ἀπεκρίνω, ὦ θαυμάσιε. οὐ γὰρ
τοῦτό γε ἠρώτων, ὃ τυγχάνει ταὐτὸν ὂν ὅσιόν τε καὶ ἀνό-
σιον· ὃ δ' ἂν θεοφιλὲς ᾖ καὶ θεομισές ἐστιν, ὡς ἔοικεν.

b ὥστε, ὦ Εὐθύφρων, ὃ σὺ νῦν ποιεῖς τὸν πατέρα κολά-
ζων, οὐδὲν θαυμαστὸν εἰ τοῦτο δρῶν τῷ μὲν Διὶ προσφιλὲς
ποιεῖς, τῷ δὲ Κρόνῳ καὶ τῷ Οὐρανῷ ἐχθρόν, καὶ τῷ μὲν
Ἡφαίστῳ φίλον, τῇ δὲ Ἥρᾳ ἐχθρόν, καὶ εἴ τις ἄλλος τῶν
5 θεῶν ἕτερος ἑτέρῳ διαφέρεται περὶ αὐτοῦ, καὶ ἐκείνοις κατὰ
τὰ αὐτά.

ΕΥΘ. Ἀλλ' οἶμαι, ὦ Σώκρατες, περί γε τούτου τῶν
θεῶν οὐδένα ἕτερον ἑτέρῳ διαφέρεσθαι, ὡς οὐ δεῖ δίκην
διδόναι ἐκεῖνον ὃς ἂν ἀδίκως τινὰ ἀποκτείνῃ.

e 9 φῄς BT : ἔφης W   a 4 τε W : om. BT   a 11 ὃ] ᾧ al.
Schanz   b 6 τὰ αὐτά B : ταὐτά T : ταὐτὰ αὐτά W   b 7 τούτου
BT : τούτων T² W

ΣΩ. Τί δέ; ἀνθρώπων, ὦ Εὐθύφρων, ἤδη τινὸς ἤκουσας 10
ἀμφισβητοῦντος ὡς τὸν ἀδίκως ἀποκτείναντα ἢ ἄλλο ἀδίκως c
ποιοῦντα ὁτιοῦν οὐ δεῖ δίκην διδόναι;

ΕΥΘ. Οὐδὲν μὲν οὖν παύονται ταῦτα ἀμφισβητοῦντες
καὶ ἄλλοθι καὶ ἐν τοῖς δικαστηρίοις· ἀδικοῦντες γὰρ πάμ-
πολλα, πάντα ποιοῦσι καὶ λέγουσι φεύγοντες τὴν δίκην. 5

ΣΩ. Ἦ καὶ ὁμολογοῦσιν, ὦ Εὐθύφρων, ἀδικεῖν, καὶ
ὁμολογοῦντες ὅμως οὐ δεῖν φασὶ σφᾶς διδόναι δίκην;

ΕΥΘ. Οὐδαμῶς τοῦτό γε.

ΣΩ. Οὐκ ἄρα πᾶν γε ποιοῦσι καὶ λέγουσι· τοῦτο γὰρ
οἶμαι οὐ τολμῶσι λέγειν οὐδ' ἀμφισβητεῖν, ὡς οὐχὶ εἴπερ 10
ἀδικοῦσί γε δοτέον δίκην, ἀλλ' οἶμαι οὔ φασιν ἀδικεῖν· ἢ d
γάρ;

ΕΥΘ. Ἀληθῆ λέγεις.

ΣΩ. Οὐκ ἄρα ἐκεῖνό γε ἀμφισβητοῦσιν, ὡς οὐ τὸν
ἀδικοῦντα δεῖ διδόναι δίκην, ἀλλ' ἐκεῖνο ἴσως ἀμφισβητοῦ- 5
σιν, τὸ τίς ἐστιν ὁ ἀδικῶν καὶ τί δρῶν καὶ πότε.

ΕΥΘ. Ἀληθῆ λέγεις.

ΣΩ. Οὐκοῦν αὐτά γε ταῦτα καὶ οἱ θεοὶ πεπόνθασιν,
εἴπερ στασιάζουσι περὶ τῶν δικαίων καὶ ἀδίκων ὡς ὁ σὸς
λόγος, καὶ οἱ μέν φασιν ἀλλήλους ἀδικεῖν, οἱ δὲ οὔ φασιν; 10
ἐπεὶ ἐκεῖνό γε δήπου, ὦ θαυμάσιε, οὐδεὶς οὔτε θεῶν οὔτε
ἀνθρώπων τολμᾷ λέγειν, ὡς οὐ τῷ γε ἀδικοῦντι δοτέον δίκην. e

ΕΥΘ. Ναί, τοῦτο μὲν ἀληθὲς λέγεις, ὦ Σώκρατες, τό γε
κεφάλαιον.

ΣΩ. Ἀλλ' ἕκαστόν γε οἶμαι, ὦ Εὐθύφρων, τῶν πρα-
χθέντων ἀμφισβητοῦσιν οἱ ἀμφισβητοῦντες, καὶ ἄνθρωποι 5
καὶ θεοί, εἴπερ ἀμφισβητοῦσιν θεοί· πράξεώς τινος πέρι
διαφερόμενοι οἱ μὲν δικαίως φασὶν αὐτὴν πεπρᾶχθαι, οἱ δὲ
ἀδίκως· ἆρ' οὐχ οὕτω;

c 7 οὐ δεῖν B² T W Arm. : οὐδέν B   c 10 εἴπερ ἀδικοῦσι B t : ὑπερ-
αδικοῦσι T   d 4 ἐκεῖνο T W Arm. Stobaeus : ἐκεῖνοι B   d 5 δεῖ
B² Arm. : om. T (in B W plurima desunt)   d 8 αὐτά B : ταῦτά
B² T   d 9 περὶ B : τε περὶ T   e 2 γε T : om. B : post ἀληθές W
e 4 ἕκαστον T W : ἑκάστων B

ΕΥΘ. Πάνυ γε.

9   ΣΩ. Ἴθι νυν, ὦ φίλε Εὐθύφρων, δίδαξον καὶ ἐμέ, ἵνα
σοφώτερος γένωμαι, τί σοι τεκμήριόν ἐστιν ὡς πάντες θεοὶ
ἡγοῦνται ἐκεῖνον ἀδίκως τεθνάναι, ὃς ἂν θητεύων ἀνδροφό-
νος γενόμενος, συνδεθεὶς ὑπὸ τοῦ δεσπότου τοῦ ἀποθανόντος,
5 φθάσῃ τελευτήσας διὰ τὰ δεσμὰ πρὶν τὸν συνδήσαντα παρὰ
τῶν ἐξηγητῶν περὶ αὐτοῦ πυθέσθαι τί χρὴ ποιεῖν, καὶ ὑπὲρ
τοῦ τοιούτου δὴ ὀρθῶς ἔχει ἐπεξιέναι καὶ ἐπισκήπτεσθαι
φόνου τὸν ὑὸν τῷ πατρί; ἴθι, περὶ τούτων πειρῶ τί μοι
b σαφὲς ἐνδείξασθαι ὡς παντὸς μᾶλλον πάντες θεοὶ ἡγοῦνται
ὀρθῶς ἔχειν ταύτην τὴν πρᾶξιν· κἄν μοι ἱκανῶς ἐνδείξῃ,
ἐγκωμιάζων σε ἐπὶ σοφίᾳ οὐδέποτε παύσομαι.

ΕΥΘ. Ἀλλ᾽ ἴσως οὐκ ὀλίγον ἔργον ἐστίν, ὦ Σώκρατες,
5 ἐπεὶ πάνυ γε σαφῶς ἔχοιμι ἂν ἐπιδεῖξαί σοι.

ΣΩ. Μανθάνω· ὅτι σοι δοκῶ τῶν δικαστῶν δυσμαθέ-
στερος εἶναι, ἐπεὶ ἐκείνοις γε ἐνδείξῃ δῆλον ὅτι ὡς ἄδικά τέ
ἐστιν καὶ οἱ θεοὶ ἅπαντες τὰ τοιαῦτα μισοῦσιν.

ΕΥΘ. Πάνυ γε σαφῶς, ὦ Σώκρατες, ἐάνπερ ἀκούωσί γέ
10 μου λέγοντος.

c   ΣΩ. Ἀλλ᾽ ἀκούσονται. ἐάνπερ εὖ δοκῇς λέγειν. τόδε δέ
σου ἐνενόησα ἅμα λέγοντος καὶ πρὸς ἐμαυτὸν σκοπῶ· "Εἰ
ὅτι μάλιστά με Εὐθύφρων διδάξειεν ὡς οἱ θεοὶ ἅπαντες τὸν
τοιοῦτον θάνατον ἡγοῦνται ἄδικον εἶναι, τί μᾶλλον ἐγὼ
5 μεμάθηκα παρ᾽ Εὐθύφρονος τί ποτ᾽ ἐστὶν τὸ ὅσιόν τε καὶ τὸ
ἀνόσιον; θεομισὲς μὲν γὰρ τοῦτο τὸ ἔργον, ὡς ἔοικεν, εἴη
ἄν. ἀλλὰ γὰρ οὐ τούτῳ ἐφάνη ἄρτι ὡρισμένα τὸ ὅσιον
καὶ μή· τὸ γὰρ θεομισὲς ὂν καὶ θεοφιλὲς ἐφάνη." ὥστε
τούτου μὲν ἀφίημί σε, ὦ Εὐθύφρων· εἰ βούλει, πάντες αὐτὸ
d ἡγείσθων θεοὶ ἄδικον καὶ πάντες μισούντων. ἀλλ᾽ ἆρα τοῦτο
ὃ νῦν ἐπανορθούμεθα ἐν τῷ λόγῳ—ὡς ὃ μὲν ἂν πάντες οἱ

---

a 1 νῦν B : τοίνυν T   a 7 ἐπισκέπτεσθαι pr. B   b 2 κἂν B²T W
Arm. : καί B   b 8 πάντες T   c 2 ἐνενόησα B : ἐνόησα W :
ἔχομαι T   c 8 τὸ γὰρ . . . ἐφάνη secl. Kleist   c 9 μὲν T : om.
B   εἰ W b : καὶ εἰ T   d 2 ὃ νῦν ἐπανορθούμεθα B W Arm. : νῦν
ἐπανορθούμεθα T : νῦν ἐπανορθώμεθα al.

θεοὶ μισῶσιν ἀνόσιόν ἐστιν, ὃ δ᾽ ἂν φιλῶσιν, ὅσιον· ὃ δ᾽ ἂν
οἱ μὲν φιλῶσιν οἱ δὲ μισῶσιν, οὐδέτερα ἢ ἀμφότερα—ἆρ᾽ οὕτω
βούλει ἡμῖν ὡρίσθαι νῦν περὶ τοῦ ὁσίου καὶ τοῦ ἀνοσίου;   5
ΕΥΘ. Τί γὰρ κωλύει, ὦ Σώκρατες;
ΣΩ. Οὐδὲν ἐμέ γε, ὦ Εὐθύφρων, ἀλλὰ σὺ δὴ τὸ σὸν σκό-
πει, εἰ τοῦτο ὑποθέμενος οὕτω ῥᾷστά με διδάξεις ὃ ὑπέσχου.
ΕΥΘ. ᾽Αλλ᾽ ἔγωγε φαίην ἂν τοῦτο εἶναι τὸ ὅσιον ὃ ἂν   e
πάντες οἱ θεοὶ φιλῶσιν, καὶ τὸ ἐναντίον, ὃ ἂν πάντες θεοὶ
μισῶσιν, ἀνόσιον.
ΣΩ. Οὐκοῦν ἐπισκοπῶμεν αὖ τοῦτο, ὦ Εὐθύφρων, εἰ
καλῶς λέγεται, ἢ ἐῶμεν καὶ οὕτω ἡμῶν τε αὐτῶν ἀποδεχώ-   5
μεθα καὶ τῶν ἄλλων, ἐὰν μόνον φῇ τίς τι ἔχειν οὕτω
συγχωροῦντες ἔχειν; ἢ σκεπτέον τί λέγει ὁ λέγων;
ΕΥΘ. Σκεπτέον· οἶμαι μέντοι ἔγωγε τοῦτο νυνὶ καλῶς
λέγεσθαι.
ΣΩ. Τάχ᾽, ὠγαθέ, βέλτιον εἰσόμεθα. ἐννόησον γὰρ τὸ   10
τοιόνδε· ἆρα τὸ ὅσιον ὅτι ὅσιόν ἐστιν φιλεῖται ὑπὸ τῶν
θεῶν, ἢ ὅτι φιλεῖται ὅσιόν ἐστιν;
ΕΥΘ. Οὐκ οἶδ᾽ ὅτι λέγεις, ὦ Σώκρατες.
ΣΩ. ᾽Αλλ᾽ ἐγὼ πειράσομαι σαφέστερον φράσαι. λέγο-   5
μέν τι φερόμενον καὶ φέρον καὶ ἀγόμενον καὶ ἄγον καὶ
ὁρώμενον καὶ ὁρῶν καὶ πάντα τὰ τοιαῦτα μανθάνεις ὅτι
ἕτερα ἀλλήλων ἐστὶ καὶ ᾗ ἕτερα;
ΕΥΘ. Ἔγωγέ μοι δοκῶ μανθάνειν.
ΣΩ. Οὐκοῦν καὶ φιλούμενόν τί ἐστιν καὶ τούτου ἕτερον   10
τὸ φιλοῦν;
ΕΥΘ. Πῶς γὰρ οὔ;
ΣΩ. Λέγε δή μοι, πότερον τὸ φερόμενον διότι φέρεται   b
φερόμενόν ἐστιν, ἢ δι᾽ ἄλλο τι;
ΕΥΘ. Οὔκ, ἀλλὰ διὰ τοῦτο.
ΣΩ. Καὶ τὸ ἀγόμενον δὴ διότι ἄγεται, καὶ τὸ ὁρώμενον
διότι ὁρᾶται;   5

e 2 οἱ Β : om. TW

ΕΥΘ. Πάνυ γε.

ΣΩ. Οὐκ ἄρα διότι ὁρώμενόν γέ ἐστιν, διὰ τοῦτο ὁρᾶται, ἀλλὰ τὸ ἐναντίον διότι ὁρᾶται, διὰ τοῦτο ὁρώμενον· οὐδὲ διότι ἀγόμενόν ἐστιν, διὰ τοῦτο ἄγεται, ἀλλὰ διότι ἄγεται,
10 διὰ τοῦτο ἀγόμενον· οὐδὲ διότι φερόμενον φέρεται, ἀλλὰ διότι φέρεται φερόμενον. ἆρα κατάδηλον, ὦ Εὐθύφρων, ὃ
c βούλομαι λέγειν; βούλομαι δὲ τόδε, ὅτι εἴ τι γίγνεται ἤ τι πάσχει, οὐχ ὅτι γιγνόμενόν ἐστι γίγνεται, ἀλλ' ὅτι γίγνεται γιγνόμενόν ἐστιν· οὐδ' ὅτι πάσχον ἐστὶ πάσχει, ἀλλ' ὅτι πάσχει πάσχον ἐστίν· ἢ οὐ συγχωρεῖς οὕτω;
5 ΕΥΘ. Ἔγωγε.

ΣΩ. Οὐκοῦν καὶ τὸ φιλούμενον ἢ γιγνόμενόν τί ἐστιν ἢ πάσχον τι ὑπό του;

ΕΥΘ. Πάνυ γε.

ΣΩ. Καὶ τοῦτο ἄρα οὕτως ἔχει ὥσπερ τὰ πρότερα· οὐχ
10 ὅτι φιλούμενόν ἐστιν φιλεῖται ὑπὸ ὧν φιλεῖται, ἀλλ' ὅτι φιλεῖται φιλούμενον;

ΕΥΘ. Ἀνάγκη.

d ΣΩ. Τί δὴ οὖν λέγομεν περὶ τοῦ ὁσίου, ὦ Εὐθύφρων; ἄλλο τι φιλεῖται ὑπὸ θεῶν πάντων, ὡς ὁ σὸς λόγος;

ΕΥΘ. Ναί.

ΣΩ. Ἆρα διὰ τοῦτο, ὅτι ὅσιόν ἐστιν, ἢ δι' ἄλλο τι;
5 ΕΥΘ. Οὔκ, ἀλλὰ διὰ τοῦτο.

ΣΩ. Διότι ἄρα ὅσιόν ἐστιν φιλεῖται, ἀλλ' οὐχ ὅτι φιλεῖται, διὰ τοῦτο ὅσιόν ἐστιν;

ΕΥΘ. Ἔοικεν.

ΣΩ. Ἀλλὰ μὲν δὴ διότι γε φιλεῖται ὑπὸ θεῶν φιλού-
10 μενόν ἐστι καὶ θεοφιλές.

ΕΥΘ. Πῶς γὰρ οὔ;

ΣΩ. Οὐκ ἄρα τὸ θεοφιλὲς ὅσιόν ἐστιν, ὦ Εὐθύφρων, οὐδὲ τὸ ὅσιον θεοφιλές, ὡς σὺ λέγεις, ἀλλ' ἕτερον τοῦτο τούτου.

---

c 1 ἤ τι πάσχει B : ἢ εἴ τι πάσχει τι T   d 2 ἄλλο τι W : ἀλλ' ὅτι B T Arm.

ΕΥΘ. Πῶς δή, ὦ Σώκρατες;

ΣΩ. Ὅτι ὁμολογοῦμεν τὸ μὲν ὅσιον διὰ τοῦτο φιλεῖσθαι, ὅτι ὅσιόν ἐστιν, ἀλλ᾽ οὐ διότι φιλεῖται ὅσιον εἶναι· ἢ γάρ;

ΕΥΘ. Ναί.

ΣΩ. Τὸ δέ γε θεοφιλὲς ὅτι φιλεῖται ὑπὸ θεῶν, αὐτῷ 5 τούτῳ τῷ φιλεῖσθαι θεοφιλὲς εἶναι, ἀλλ᾽ οὐχ ὅτι θεοφιλές, διὰ τοῦτο φιλεῖσθαι.

ΕΥΘ. Ἀληθῆ λέγεις.

ΣΩ. Ἀλλ᾽ εἴ γε ταὐτὸν ἦν, ὦ φίλε Εὐθύφρων, τὸ θεοφιλὲς καὶ τὸ ὅσιον, εἰ μὲν διὰ τὸ ὅσιον εἶναι ἐφιλεῖτο τὸ 10 ὅσιον, καὶ διὰ τὸ θεοφιλὲς εἶναι ἐφιλεῖτο ἂν τὸ θεοφιλές, εἰ 11 δὲ διὰ τὸ φιλεῖσθαι ὑπὸ θεῶν τὸ θεοφιλὲς θεοφιλὲς ἦν, καὶ τὸ ὅσιον ἂν διὰ τὸ φιλεῖσθαι ὅσιον ἦν· νῦν δὲ ὁρᾷς ὅτι ἐναντίως ἔχετον, ὡς παντάπασιν ἑτέρω ὄντε ἀλλήλων. τὸ μὲν γάρ, ὅτι φιλεῖται, ἐστὶν οἷον φιλεῖσθαι· τὸ δ᾽ ὅτι ἐστὶν 5 οἷον φιλεῖσθαι, διὰ τοῦτο φιλεῖται. καὶ κινδυνεύεις, ὦ Εὐθύφρων, ἐρωτώμενος τὸ ὅσιον ὅτι ποτ᾽ ἐστίν, τὴν μὲν οὐσίαν μοι αὐτοῦ οὐ βούλεσθαι δηλῶσαι, πάθος δέ τι περὶ αὐτοῦ λέγειν, ὅτι πέπονθε τοῦτο τὸ ὅσιον, φιλεῖσθαι ὑπὸ πάντων θεῶν· ὅτι δὲ ὄν, οὔπω εἶπες. εἰ οὖν σοι φίλον, μή με ἀπο- b κρύψῃ ἀλλὰ πάλιν εἰπὲ ἐξ ἀρχῆς τί ποτε ὂν τὸ ὅσιον εἴτε φιλεῖται ὑπὸ θεῶν εἴτε ὁτιδὴ πάσχει—οὐ γὰρ περὶ τούτου διοισόμεθα—ἀλλ᾽ εἰπὲ προθύμως τί ἐστιν τό τε ὅσιον καὶ τὸ ἀνόσιον; 5

ΕΥΘ. Ἀλλ᾽, ὦ Σώκρατες, οὐκ ἔχω ἔγωγε ὅπως σοι εἴπω ὃ νοῶ· περιέρχεται γάρ πως ἡμῖν ἀεὶ ὃ ἂν προθώμεθα καὶ οὐκ ἐθέλει μένειν ὅπου ἂν ἱδρυσώμεθα αὐτό.

ΣΩ. Τοῦ ἡμετέρου προγόνου, ὦ Εὐθύφρων, ἔοικεν εἶναι Δαιδάλου τὰ ὑπὸ σοῦ λεγόμενα. καὶ εἰ μὲν αὐτὰ ἐγὼ ἔλεγον c καὶ ἐτιθέμην, ἴσως ἄν με ἐπέσκωπτες ὡς ἄρα καὶ ἐμοὶ κατὰ

τὴν ἐκείνου συγγένειαν τὰ ἐν τοῖς λόγοις ἔργα ἀποδιδράσκει
καὶ οὐκ ἐθέλει μένειν ὅπου ἄν τις αὐτὰ θῇ· νῦν δὲ σαὶ γὰρ
5 αἱ ὑποθέσεις εἰσίν. ἄλλου δή τινος δεῖ σκώμματος· οὐ γὰρ
ἐθέλουσι σοὶ μένειν, ὡς καὶ αὐτῷ σοι δοκεῖ.

ΕΥΘ. Ἐμοὶ δὲ δοκεῖ σχεδόν τι τοῦ αὐτοῦ σκώμματος, ὦ
Σώκρατες, δεῖσθαι τὰ λεγόμενα· τὸ γὰρ περιιέναι αὐτοῖς
τοῦτο καὶ μὴ μένειν ἐν τῷ αὐτῷ οὐκ ἐγώ εἰμι ὁ ἐντιθείς,
d ἀλλὰ σύ μοι δοκεῖς ὁ Δαίδαλος, ἐπεὶ ἐμοῦ γε ἕνεκα ἔμενεν
ἂν ταῦτα οὕτως.

ΣΩ. Κινδυνεύω ἄρα, ὦ ἑταῖρε, ἐκείνου τοῦ ἀνδρὸς δεινό-
τερος γεγονέναι τὴν τέχνην τοσούτῳ, ὅσῳ ὁ μὲν τὰ αὑτοῦ
5 μόνα ἐποίει οὐ μένοντα, ἐγὼ δὲ πρὸς τοῖς ἐμαυτοῦ, ὡς ἔοικε,
καὶ τὰ ἀλλότρια. καὶ δῆτα τοῦτό μοι τῆς τέχνης ἐστὶ
κομψότατον, ὅτι ἄκων εἰμὶ σοφός· ἐβουλόμην γὰρ ἄν μοι
τοὺς λόγους μένειν καὶ ἀκινήτως ἱδρῦσθαι μᾶλλον ἢ πρὸς τῇ
e Δαιδάλου σοφίᾳ τὰ Ταντάλου χρήματα γενέσθαι. καὶ τού-
των μὲν ἅδην· ἐπειδὴ δέ μοι δοκεῖς σὺ τρυφᾶν, αὐτός σοι
συμπροθυμήσομαι [δεῖξαι] ὅπως ἄν με διδάξῃς περὶ τοῦ
ὁσίου. καὶ μὴ προαποκάμῃς· ἰδὲ γὰρ εἰ οὐκ ἀναγκαῖόν σοι
5 δοκεῖ δίκαιον εἶναι πᾶν τὸ ὅσιον.

ΕΥΘ. Ἔμοιγε.

ΣΩ. Ἆρ’ οὖν καὶ πᾶν τὸ δίκαιον ὅσιον; ἢ τὸ μὲν ὅσιον
12 πᾶν δίκαιον, τὸ δὲ δίκαιον οὐ πᾶν ὅσιον, ἀλλὰ τὸ μὲν αὐτοῦ
ὅσιον, τὸ δέ τι καὶ ἄλλο;

ΕΥΘ. Οὐχ ἕπομαι, ὦ Σώκρατες, τοῖς λεγομένοις.

ΣΩ. Καὶ μὴν νεώτερός γέ μου εἶ οὐκ ἔλαττον ἢ ὅσῳ
5 σοφώτερος· ἀλλ’, ὃ λέγω, τρυφᾷς ὑπὸ πλούτου τῆς σοφίας.
ἀλλ’, ὦ μακάριε, σύντεινε σαυτόν· καὶ γὰρ οὐδὲ χαλεπὸν
κατανοῆσαι ὃ λέγω. λέγω γὰρ δὴ τὸ ἐναντίον ἢ ὁ ποιητὴς
ἐποίησεν ὁ ποιήσας—

c 7 supra δὲ add. γε B²   c 8 τὰ B² T W : τάδε B   αὑτοῖς T W :
τούτοις B   e 2 σὺ τρυφᾶν B : συντρυφᾶν T   e 3 δεῖξαι B T :
om. W   a 4 ἔλαττον T W : ἐλάττονι B   a 6 οὐδὲ] οὐδέν Naber

Ζῆνα δὲ τὸν [θ'] ἔρξαντα καὶ ὃς τάδε πάντ' ἐφύτευσεν
οὐκ ἐθέλει νεικεῖν· ἵνα γὰρ δέος ἔνθα καὶ αἰδώς.　　b
ἐγὼ οὖν τούτῳ διαφέρομαι τῷ ποιητῇ. εἴπω σοι ὅπῃ;

ΕΥΘ. Πάνυ γε.

ΣΩ. Οὐ δοκεῖ μοι εἶναι "ἵνα δέος ἔνθα καὶ αἰδώς"·
πολλοὶ γάρ μοι δοκοῦσι καὶ νόσους καὶ πενίας καὶ ἄλλα 5
πολλὰ τοιαῦτα δεδιότες δεδιέναι μέν, αἰδεῖσθαι δὲ μηδὲν
ταῦτα ἃ δεδίασιν· οὐ καὶ σοὶ δοκεῖ;

ΕΥΘ. Πάνυ γε.

ΣΩ. 'Αλλ' ἵνα γε αἰδὼς ἔνθα καὶ δέος εἶναι· ἐπεὶ ἔστιν
ὅστις αἰδούμενός τι πρᾶγμα καὶ αἰσχυνόμενος οὐ πεφόβηταί 10
τε καὶ δέδοικεν ἅμα δόξαν πονηρίας;　　　　　　c

ΕΥΘ. Δέδοικε μὲν οὖν.

ΣΩ. Οὐκ ἄρ' ὀρθῶς ἔχει λέγειν· "ἵνα γὰρ δέος ἔνθα καὶ
αἰδώς," ἀλλ' ἵνα μὲν αἰδὼς ἔνθα καὶ δέος, οὐ μέντοι ἵνα γε
δέος πανταχοῦ αἰδώς· ἐπὶ πλέον γὰρ οἶμαι δέος αἰδοῦς. 5
μόριον γὰρ αἰδὼς δέους ὥσπερ ἀριθμοῦ περιττόν, ὥστε οὐχ
ἵναπερ ἀριθμὸς ἔνθα καὶ περιττόν, ἵνα δὲ περιττὸν ἔνθα καὶ
ἀριθμός. ἔπῃ γάρ που νῦν γε;

ΕΥΘ. Πάνυ γε.

ΣΩ. Τὸ τοιοῦτον τοίνυν καὶ ἐκεῖ λέγων ἠρώτων· ἆρα ἵνα 10
δίκαιον ἔνθα καὶ ὅσιον; ἢ ἵνα μὲν ὅσιον ἔνθα καὶ δίκαιον, d
ἵνα δὲ δίκαιον οὐ πανταχοῦ ὅσιον· μόριον γὰρ τοῦ δικαίου
τὸ ὅσιον; οὕτω φῶμεν ἢ ἄλλως σοι δοκεῖ;

ΕΥΘ. Οὔκ, ἀλλ' οὕτω. φαίνῃ γάρ μοι ὀρθῶς λέγειν.

ΣΩ. 'Όρα δὴ τὸ μετὰ τοῦτο. εἰ γὰρ μέρος τὸ ὅσιον τοῦ 5
δικαίου, δεῖ δὴ ἡμᾶς, ὡς ἔοικεν, ἐξευρεῖν τὸ ποῖον μέρος ἂν
εἴη τοῦ δικαίου τὸ ὅσιον. εἰ μὲν οὖν σύ με ἠρώτας τι τῶν
νυνδή, οἷον ποῖον μέρος ἐστὶν ἀριθμοῦ τὸ ἄρτιον καὶ τίς ὢν

a 9 θέρξαντα Β : στέρξαντα Τ γρ. Β W : ῥέξαντα Stobaeus Apostolius
schol. ap. Cram. Anecd. Par. I, p. 399 : θ' ἔρξαντα Β² W　　b 1 ἐθέλει
νεικεῖν scripsi : ἐθέλεις εἰπεῖν Β Τ (νείκεσιν schol. Τ) : ἐθέλειν εἰπεῖν W
corr. Β² : ἐθέλειν εἴκειν schol. ap. Cram. l. c.　　c 6 αἰδὼς δέους Β t :
αἰδοῦς δέος Τ

τυγχάνει οὗτος ὁ ἀριθμός, εἶπον ἂν ὅτι ὃς ἂν μὴ σκαληνὸς
10 ᾖ ἀλλ᾽ ἰσοσκελής· ἢ οὐ δοκεῖ σοι;
ΕΥΘ. Ἔμοιγε.

e ΣΩ. Πειρῶ δὴ καὶ σὺ ἐμὲ οὕτω διδάξαι τὸ ποῖον μέρος
τοῦ δικαίου ὅσιόν ἐστιν, ἵνα καὶ Μελήτῳ λέγωμεν μηκέθ᾽
ἡμᾶς ἀδικεῖν μηδὲ ἀσεβείας γράφεσθαι, ὡς ἱκανῶς ἤδη παρὰ
σοῦ μεμαθηκότας τά τε εὐσεβῆ καὶ ὅσια καὶ τὰ μή.
5 ΕΥΘ. Τοῦτο τοίνυν ἔμοιγε δοκεῖ, ὦ Σώκρατες, τὸ μέρος
τοῦ δικαίου εἶναι εὐσεβές τε καὶ ὅσιον, τὸ περὶ τὴν τῶν θεῶν
θεραπείαν, τὸ δὲ περὶ τὴν τῶν ἀνθρώπων τὸ λοιπὸν εἶναι
τοῦ δικαίου μέρος.

ΣΩ. Καὶ καλῶς γέ μοι, ὦ Εὐθύφρων, φαίνῃ λέγειν, ἀλλὰ
13 σμικροῦ τινος ἔτι ἐνδεής εἰμι· τὴν γὰρ θεραπείαν οὔπω
συνίημι ἥντινα ὀνομάζεις. οὐ γάρ που λέγεις γε, οἷάπερ καὶ
αἱ περὶ τὰ ἄλλα θεραπεῖαί εἰσιν, τοιαύτην καὶ περὶ θεούς—
λέγομεν γάρ που—οἷόν φαμεν ἵππους οὐ πᾶς ἐπίσταται
5 θεραπεύειν ἀλλὰ ὁ ἱππικός· ἢ γάρ;
ΕΥΘ. Πάνυ γε.
ΣΩ. Ἡ γάρ που ἱππικὴ ἵππων θεραπεία.
ΕΥΘ. Ναί.
ΣΩ. Οὐδέ γε κύνας πᾶς ἐπίσταται θεραπεύειν ἀλλὰ ὁ
10 κυνηγετικός.
ΕΥΘ. Οὕτω.
ΣΩ. Ἡ γάρ που κυνηγετικὴ κυνῶν θεραπεία.
b ΕΥΘ. Ναί.
ΣΩ. Ἡ δέ γε βοηλατικὴ βοῶν.
ΕΥΘ. Πάνυ γε.
ΣΩ. Ἡ δὲ δὴ ὁσιότης τε καὶ εὐσέβεια θεῶν, ὦ Εὐθύ-
5 φρων; οὕτω λέγεις;
ΕΥΘ. Ἔγωγε.
ΣΩ. Οὐκοῦν θεραπεία γε πᾶσα ταὐτὸν διαπράττεται;
οἷον τοιόνδε· ἐπ᾽ ἀγαθῷ τινί ἐστι καὶ ὠφελίᾳ τοῦ θεραπευο-

b 2 γε T : om. B   b 8 ἐστι B : ἔσται T

μένου, ὥσπερ ὁρᾷς δὴ ὅτι οἱ ἵπποι ὑπὸ τῆς ἱππικῆς θερα-
πευόμενοι ὠφελοῦνται καὶ βελτίους γίγνονται· ἢ οὐ δοκοῦσί 10
σοι;

ΕΥΘ. Ἔμοιγε.

ΣΩ. Καὶ οἱ κύνες γέ που ὑπὸ τῆς κυνηγετικῆς, καὶ οἱ
βόες ὑπὸ τῆς βοηλατικῆς, καὶ τἆλλα πάντα ὡσαύτως· ἢ ἐπὶ c
βλάβῃ οἴει τοῦ θεραπευομένου τὴν θεραπείαν εἶναι;

ΕΥΘ. Μὰ Δί᾽ οὐκ ἔγωγε.

ΣΩ. Ἀλλ᾽ ἐπ᾽ ὠφελίᾳ;

ΕΥΘ. Πῶς δ᾽ οὔ; 5

ΣΩ. Ἦ οὖν καὶ ἡ ὁσιότης θεραπεία οὖσα θεῶν ὠφελία
τέ ἐστι θεῶν καὶ βελτίους τοὺς θεοὺς ποιεῖ; καὶ σὺ τοῦτο
συγχωρήσαις ἄν, ὡς ἐπειδάν τι ὅσιον ποιῇς, βελτίω τινὰ
τῶν θεῶν ἀπεργάζῃ;

ΕΥΘ. Μὰ Δί᾽ οὐκ ἔγωγε. 10

ΣΩ. Οὐδὲ γὰρ ἐγώ, ὦ Εὐθύφρων, οἶμαί σε τοῦτο λέγειν
—πολλοῦ καὶ δέω—ἀλλὰ τούτου δὴ ἕνεκα καὶ ἀνηρόμην
τίνα ποτὲ λέγοις τὴν θεραπείαν τῶν θεῶν, οὐχ ἡγούμενός σε d
τοιαύτην λέγειν.

ΕΥΘ. Καὶ ὀρθῶς γε, ὦ Σώκρατες· οὐ γὰρ τοιαύτην λέγω.

ΣΩ. Εἶεν· ἀλλὰ τίς δὴ θεῶν θεραπεία εἴη ἂν ἡ ὁσιότης;

ΕΥΘ. Ἥπερ, ὦ Σώκρατες, οἱ δοῦλοι τοὺς δεσπότας 5
θεραπεύουσιν.

ΣΩ. Μανθάνω· ὑπηρετική τις ἄν, ὡς ἔοικεν, εἴη θεοῖς.

ΕΥΘ. Πάνυ μὲν οὖν.

ΣΩ. Ἔχοις ἂν οὖν εἰπεῖν ἡ ἰατροῖς ὑπηρετικὴ εἰς τίνος
ἔργου ἀπεργασίαν τυγχάνει οὖσα ὑπηρετική; οὐκ εἰς ὑγιείας 10
οἴει;

ΕΥΘ. Ἔγωγε.

ΣΩ. Τί δὲ ἡ ναυπηγοῖς ὑπηρετική; εἰς τίνος ἔργου e
ἀπεργασίαν ὑπηρετική ἐστιν;

ΕΥΘ. Δῆλον ὅτι, ὦ Σώκρατες, εἰς πλοίου.

TW : om. B

ΣΩ. Καὶ ἡ οἰκοδόμοις γέ που εἰς οἰκίας;

5 ΕΥΘ. Ναί.

ΣΩ. Εἰπὲ δή, ὦ ἄριστε· ἡ δὲ θεοῖς ὑπηρετικὴ εἰς τίνος ἔργου ἀπεργασίαν ὑπηρετικὴ ἂν εἴη; δῆλον γὰρ ὅτι σὺ οἶσθα, ἐπειδήπερ τά γε θεῖα κάλλιστα φῂς εἰδέναι ἀνθρώπων.

ΕΥΘ. Καὶ ἀληθῆ γε λέγω, ὦ Σώκρατες.

10 ΣΩ. Εἰπὲ δὴ πρὸς Διὸς τί ποτέ ἐστιν ἐκεῖνο τὸ πάγκαλον ἔργον ὃ οἱ θεοὶ ἀπεργάζονται ἡμῖν ὑπηρέταις χρώμενοι;

ΕΥΘ. Πολλὰ καὶ καλά, ὦ Σώκρατες.

14 ΣΩ. Καὶ γὰρ οἱ στρατηγοί, ὦ φίλε· ἀλλ' ὅμως τὸ κεφάλαιον αὐτῶν ῥᾳδίως ἂν εἴποις, ὅτι νίκην ἐν τῷ πολέμῳ ἀπεργάζονται· ἢ οὔ;

ΕΥΘ. Πῶς δ' οὔ;

5 ΣΩ. Πολλὰ δέ γ', οἶμαι, καὶ καλὰ καὶ οἱ γεωργοί· ἀλλ' ὅμως τὸ κεφάλαιον αὐτῶν ἐστιν τῆς ἀπεργασίας ἡ ἐκ τῆς γῆς τροφή.

ΕΥΘ. Πάνυ γε.

ΣΩ. Τί δὲ δὴ τῶν πολλῶν καὶ καλῶν ἃ οἱ θεοὶ ἀπεργά-
10 ζονται; τί τὸ κεφάλαιόν ἐστι τῆς ἐργασίας;

ΕΥΘ. Καὶ ὀλίγον σοι πρότερον εἶπον, ὦ Σώκρατες, ὅτι
b πλείονος ἔργου ἐστὶν ἀκριβῶς πάντα ταῦτα ὡς ἔχει μαθεῖν· τόδε μέντοι σοι ἁπλῶς λέγω, ὅτι ἐὰν μὲν κεχαρισμένα τις ἐπίστηται τοῖς θεοῖς λέγειν τε καὶ πράττειν εὐχόμενός τε καὶ θύων, ταῦτ' ἔστι τὰ ὅσια, καὶ σώζει τὰ τοιαῦτα τούς τε
5 ἰδίους οἴκους καὶ τὰ κοινὰ τῶν πόλεων· τὰ δ' ἐναντία τῶν κεχαρισμένων ἀσεβῆ, ἃ δὴ καὶ ἀνατρέπει ἅπαντα καὶ ἀπόλλυσιν.

ΣΩ. Ἦ πολύ μοι διὰ βραχυτέρων, ὦ Εὐθύφρων, εἰ ἐβούλου, εἶπες ἂν τὸ κεφάλαιον ὧν ἠρώτων· ἀλλὰ γὰρ οὐ
c πρόθυμός με εἶ διδάξαι—δῆλος εἶ. καὶ γὰρ νῦν ἐπειδὴ ἐπ' αὐτῷ ἦσθα ἀπετράπου, ὃ εἰ ἀπεκρίνω, ἱκανῶς ἂν ἤδη παρὰ

e 8 κάλλιστα T W Arm. : κάλλιστά γε B   a 2 ante αὐτῶν add.
τῆς ἀπεργασίας Schanz   a 10 ἐργασίας B : ἀπεργασίας T W Arm.
b 1 ἔχει B T : ἔχοι W t   c 2 ἱκανῶς B : ἴσως T

σοῦ τὴν ὁσιότητα ἐμεμαθήκη. νῦν δὲ ἀνάγκη γὰρ τὸν ἐρῶντα
τῷ ἐρωμένῳ ἀκολουθεῖν ὅπῃ ἂν ἐκεῖνος ὑπάγῃ, τί δὴ αὖ
λέγεις τὸ ὅσιον εἶναι καὶ τὴν ὁσιότητα; οὐχὶ ἐπιστήμην 5
τινὰ τοῦ θύειν τε καὶ εὔχεσθαι;
ΕΥΘ. Ἔγωγε.
ΣΩ. Οὐκοῦν τὸ θύειν δωρεῖσθαί ἐστι τοῖς θεοῖς, τὸ δ᾽
εὔχεσθαι αἰτεῖν τοὺς θεούς;
ΕΥΘ. Καὶ μάλα, ὦ Σώκρατες. 10
ΣΩ. Ἐπιστήμη ἄρα αἰτήσεως καὶ δόσεως θεοῖς ὁσιότης d
ἂν εἴη ἐκ τούτου τοῦ λόγου.
ΕΥΘ. Πάνυ καλῶς, ὦ Σώκρατες, συνῆκας ὃ εἶπον.
ΣΩ. Ἐπιθυμητὴς γάρ εἰμι, ὦ φίλε, τῆς σῆς σοφίας καὶ
προσέχω τὸν νοῦν αὐτῇ, ὥστε οὐ χαμαὶ πεσεῖται ὅτι ἂν 5
εἴπῃς. ἀλλά μοι λέξον τίς αὕτη ἡ ὑπηρεσία ἐστὶ τοῖς θεοῖς;
αἰτεῖν τε φῂς αὐτοὺς καὶ διδόναι ἐκείνοις;
ΕΥΘ. Ἔγωγε.
ΣΩ. Ἆρ᾽ οὖν οὐ τό γε ὀρθῶς αἰτεῖν ἂν εἴη ὧν δεόμεθα
παρ᾽ ἐκείνων, ταῦτα αὐτοὺς αἰτεῖν; 10
ΕΥΘ. Ἀλλὰ τί;
ΣΩ. Καὶ αὖ τὸ διδόναι ὀρθῶς, ὧν ἐκεῖνοι τυγχάνουσιν e
δεόμενοι παρ᾽ ἡμῶν, ταῦτα ἐκείνοις αὖ ἀντιδωρεῖσθαι; οὐ
γάρ που τεχνικόν γ᾽ ἂν εἴη δωροφορεῖν διδόντα τῷ ταῦτα ὧν
οὐδὲν δεῖται.
ΕΥΘ. Ἀληθῆ λέγεις, ὦ Σώκρατες. 5
ΣΩ. Ἐμπορικὴ ἄρα τις ἂν εἴη, ὦ Εὐθύφρων, τέχνη ἡ
ὁσιότης θεοῖς καὶ ἀνθρώποις παρ᾽ ἀλλήλων.
ΕΥΘ. Ἐμπορική, εἰ οὕτως ἥδιόν σοι ὀνομάζειν.
ΣΩ. Ἀλλ᾽ οὐδὲν ἥδιον ἔμοιγε, εἰ μὴ τυγχάνει ἀληθὲς ὄν.
φράσον δέ μοι, τίς ἡ ὠφελία τοῖς θεοῖς τυγχάνει οὖσα ἀπὸ 10
τῶν δώρων ὧν παρ᾽ ἡμῶν λαμβάνουσιν; ἃ μὲν γὰρ διδόασι

c3 δὲ] δὴ BT   ἐρῶντα Bt : ἐρωτῶντα T W Arm.   c4 ἐρω-
μένῳ BT : ἐρομένῳ W : ἐρωτωμένῳ Arm.   d5 post χαμαὶ add.
ποτε in marg. T   d9 γε T : om. B Arm. (lacunam indicat W)
e9 τυγχάνει BT : τυγχάνοι W

a παντὶ δῆλον· οὐδὲν γὰρ ἡμῖν ἐστιν ἀγαθὸν ὅτι ἂν μὴ
ἐκεῖνοι δῶσιν. ἃ δὲ παρ' ἡμῶν λαμβάνουσιν, τί ὠφελοῦνται; ἢ
τοσοῦτον αὐτῶν πλεονεκτοῦμεν κατὰ τὴν ἐμπορίαν, ὥστε πάντα
τὰ ἀγαθὰ παρ' αὐτῶν λαμβάνομεν, ἐκεῖνοι δὲ παρ' ἡμῶν οὐδέν;
5 ΕΥΘ. Ἀλλ' οἴει, ὦ Σώκρατες, τοὺς θεοὺς ὠφελεῖσθαι
ἀπὸ τούτων ἃ παρ' ἡμῶν λαμβάνουσιν;
ΣΩ. Ἀλλὰ τί δήποτ' ἂν εἴη ταῦτα, ὦ Εὐθύφρων, τὰ παρ'
ἡμῶν δῶρα τοῖς θεοῖς;
ΕΥΘ. Τί δ' οἴει ἄλλο ἢ τιμή τε καὶ γέρα καί, ὅπερ ἐγὼ
10 ἄρτι ἔλεγον, χάρις;
b ΣΩ. Κεχαρισμένον ἄρα ἐστίν, ὦ Εὐθύφρων, τὸ ὅσιον,
ἀλλ' οὐχὶ ὠφέλιμον οὐδὲ φίλον τοῖς θεοῖς;
ΕΥΘ. Οἶμαι ἔγωγε πάντων γε μάλιστα φίλον.
ΣΩ. Τοῦτο ἄρ' ἐστὶν αὖ, ὡς ἔοικε, τὸ ὅσιον, τὸ τοῖς
5 θεοῖς φίλον.
ΕΥΘ. Μάλιστά γε.
ΣΩ. Θαυμάσῃ οὖν ταῦτα λέγων ἐάν σοι οἱ λόγοι φαίνων-
ται μὴ μένοντες ἀλλὰ βαδίζοντες, καὶ ἐμὲ αἰτιάσῃ τὸν
Δαίδαλον βαδίζοντας αὐτοὺς ποιεῖν, αὐτὸς ὢν πολύ γε
10 τεχνικώτερος τοῦ Δαιδάλου καὶ κύκλῳ περιιόντα ποιῶν; ἢ
οὐκ αἰσθάνῃ ὅτι ὁ λόγος ἡμῖν περιελθὼν πάλιν εἰς ταὐτὸν
c ἥκει; μέμνησαι γάρ που ὅτι ἐν τῷ πρόσθεν τό τε ὅσιον καὶ
τὸ θεοφιλὲς οὐ ταὐτὸν ἡμῖν ἐφάνη ἀλλ' ἕτερα ἀλλήλων· ἢ
οὐ μέμνησαι;
ΕΥΘ. Ἔγωγε.
5 ΣΩ. Νῦν οὖν οὐκ ἐννοεῖς ὅτι τὸ τοῖς θεοῖς φίλον φῂς
ὅσιον εἶναι; τοῦτο δ' ἄλλο τι ἢ θεοφιλὲς γίγνεται; ἢ οὔ;
ΕΥΘ. Πάνυ γε.
ΣΩ. Οὐκοῦν ἢ ἄρτι οὐ καλῶς ὡμολογοῦμεν, ἢ εἰ τότε
καλῶς, νῦν οὐκ ὀρθῶς τιθέμεθα.

a 1 ἐστιν ἡμῖν T   a 9 γέρα ΒΤ: δῶρα W: γρ. ἔργα W
b 9 Δαίδαλον] γρ. διδάσκαλον W   γε om. T   b 10 περιιόντα Β:
περιιόντας T (sed s supra versum) Arm.   c 1 πρόσθεν T: ἔμπροσθεν
Β   c 3 οὐ Β: οὐδὲ T   c 8 ὁμολογοῦμεν pr. ΒΤ

ΕΥΘ. Ἔοικεν.

ΣΩ. Ἐξ ἀρχῆς ἄρα ἡμῖν πάλιν σκεπτέον τί ἐστι τὸ
ὅσιον, ὡς ἐγὼ πρὶν ἂν μάθω ἑκὼν εἶναι οὐκ ἀποδειλιάσω.
ἀλλὰ μή με ἀτιμάσῃς ἀλλὰ παντὶ τρόπῳ προσσχὼν τὸν d
νοῦν ὅτι μάλιστα νῦν εἰπὲ τὴν ἀλήθειαν· οἶσθα γὰρ εἴπερ
τις ἄλλος ἀνθρώπων, καὶ οὐκ ἀφετέος εἶ ὥσπερ ὁ Πρωτεὺς
πρὶν ἂν εἴπῃς. εἰ γὰρ μὴ ᾔδησθα σαφῶς τό τε ὅσιον καὶ τὸ
ἀνόσιον, οὐκ ἔστιν ὅπως ἄν ποτε ἐπεχείρησας ὑπὲρ ἀνδρὸς 5
θητὸς ἄνδρα πρεσβύτην πατέρα διωκάθειν φόνου, ἀλλὰ καὶ
τοὺς θεοὺς ἂν ἔδεισας παρακινδυνεύειν μὴ οὐκ ὀρθῶς αὐτὸ
ποιήσοις, καὶ τοὺς ἀνθρώπους ᾐσχύνθης· νῦν δὲ εὖ οἶδα ὅτι
σαφῶς οἴει εἰδέναι τό τε ὅσιον καὶ μή. εἰπὲ οὖν, ὦ βέλτιστε e
Εὐθύφρων, καὶ μὴ ἀποκρύψῃ ὅτι αὐτὸ ἡγῇ.

ΕΥΘ. Εἰς αὖθις τοίνυν, ὦ Σώκρατες· νῦν γὰρ σπεύδω
ποι, καί μοι ὥρα ἀπιέναι.

ΣΩ. Οἷα ποιεῖς, ὦ ἑταῖρε. ἀπ᾽ ἐλπίδος με καταβαλὼν 5
μεγάλης ἀπέρχῃ ἣν εἶχον, ὡς παρὰ σοῦ μαθὼν τά τε ὅσια
καὶ μὴ καὶ τῆς πρὸς Μέλητον γραφῆς ἀπαλλάξομαι, ἐνδειξά-
μενος ἐκείνῳ ὅτι σοφὸς ἤδη παρ᾽ Εὐθύφρονος τὰ θεῖα γέγονα 16
καὶ ὅτι οὐκέτι ὑπ᾽ ἀγνοίας αὐτοσχεδιάζω οὐδὲ καινοτομῶ
περὶ αὐτά, καὶ δὴ καὶ τὸν ἄλλον βίον ὅτι ἄμεινον βιω-
σοίμην.

c 11 τί ἐστιν ὅσιον T   d 1 προσσχὼν scripsi : προσέχων B :
προσχὼν T   e 4 ποι] που pr. T   a 3 ὅτι secl. Schanz

Commentary

Abbreviations:

B   John Burnet, *Plato's Euthyphro, Apology of Socrates, Crito*, Oxford 1924.

S   H.W. Smyth, *Greek Grammar*, revised by G. Messing, Cambridge, Mass. 1956. The work is referred to by section except for the list of verbs, where the reference is by page.

GP   J.D. Denniston, *The Greek Particles*², Oxford 1954.

LSJ   Liddell and Scott, Jones, *A Greek-English Lexicon*, 9th ed., Oxford 1951.

Other abbreviations are "sc." (scilicet), to mean "understand" or "supply", and "<" to mean "is derived from".

2a1   νεώτερον: "strange", <νέος; see LSJ νεώτερος. The word implies that the presence of Socrates at court is both a novelty (he had never before been party to a suit) and something of a calamity.

γέγονεν: <γίγνομαι.

ὅτι: "(to explain the fact) that".

a2   Λυκείῳ: one of the three famous gymnasia in the suburbs of Athens. Socrates spent much time there (it is the scene of the *Lysis* and the *Euthydemus*). It became the seat of Aristotle's school.

a3   βασιλέως στοάν: lit., "the porch of the King". The King Archon was responsible for many of the religious duties originally belonging to the Athenian king; he presided over the court where cases concerning impiety (Socrates) and murder (Euthyphro) were heard, because both could cause pollution to the city. He conducted his business in a "porch" or colonnade in the agora, "market place".

που: "I suppose", originally, "somewhere". In Plato, the word often conveys a feeling of uncertainty, genuine or ironic, in the speaker.

σοί: dat. of possession. This is the non-enclitic form (note accent on καί), used for the sake of contrast with ἐμοί.

1

a4   πρός: "to/in relation to", thus, "before".

a5   δίκην: the general term for cases heard before Athenian courts. But there was a distinction drawn between private and public cases, and the latter were referred to as γραφαί.

b1   γραφὴν σέ ... γέγραπται: "has indicted you (on) a public indictment", i.e., "has brought a γραφή against you". γραφήν is internal acc. obj., which expresses in noun or pronoun form the action of the verb itself (cf. S 1576, 1620). Euthyphro assumes that Socrates is not the accuser because of his well-known dislike for public life.
ὡς ἔοικε: "as it seems".

b2   καταγνώσομαι: < καταγιγνώσκω, "accuse x (gen.) of y (acc.)". Understand σοῦ.

b3   οὐ γὰρ οὖν: γάρ of assent, "yes indeed (οὖν) (I did) not", "certainly not" (S 2820).

b4   ἄλλος: again, an ellipse. γέγραπται is easily supplied from b1.

b5   πάνυ γε: "very much so", i.e., "yes".

b7   οὐδ(έ) ... ἄνδρα: "I do not know the man very well myself". For τι, see S 1609. But the negative might also be "adherescent" (S 2694), "very much not", rather than "not very much" ("the man is pretty well unknown to me"). There is the same choice at b11.

b8   ἀγνώς: "unknown". The word can also have an active sense, "ignorant".

b9   εγῷμαι = ἐγὼ οἶμαι.
Μέλητον: Of the three accusers, the most formidable was Anytus, but the indictment was laid against Socrates in the name of Meletus, who is said in the *Apology* to be acting "on behalf of the poets".
τῶν δήμων Πιτθεύς: "by deme he is a Pitthian", partitive gen. The deme was the smallest political division in Attica.

b10   νῷ ἔχεις: lit., "have in mind", so, "remember, know".
οἷον ... δέ: "rather (οἷον, an unusual sense) straight-haired and not very well-bearded (hence, young), but beak-nosed" (in contrast to Socrates' nose, which was snub).

b12   ἀλλὰ δή: "brushes aside a digression ... and coming to the point" (GP 241).

c2   ἥντινα: "what (charge)?". The indefinite relative is regular
     for echoing an interrogative (S 2670).
     ἀγεννῆ: <ἀγεννής, "ignoble", i.e., "petty".
     ἔμοιγε: γε is limitative, "to me at least".
     τὸ ... ἐγνωκέναι: articular inf. (S 2025), "for to have come
     to an understanding of so great a matter when a man is still
     young". The subject of the inf. would be in the acc. if it
     were expressed; hence, νέον ὄντα, which is in apposition to
     it. τοσοῦτον πρᾶγμα is obj. of ἐγνωκέναι (<γιγνώσκω).

c4   τίνα: The interrogative of the direct question is often re-
     tained in the indirect (S 2664). τίνα τρόπον: "in what way"
     (adverbial acc.).
     διαφθείρονται: "are being corrupted". The indictment was
     that Socrates corrupts the young men and does not worship
     the gods which the city worships but other new divine
     things (δαιμόνια καινά). See on 3b3.

c5   κινδυνεύει: "he runs a risk of being", so, "he may well be".

c6   κατιδών: <καθοράω.
     διαφθείροντος: does not agree with αὐτοῦ, which goes with
     τοὺς ἡλικιώτας, "the men of his own age". Either (1) it is
     appositional gen. after ἐμήν (which implies μου, S 977), or
     (2) it agrees with μου in c7, "he is going to accuse me
     believing that I ... ", with a comma after κατιδών, not
     αὐτοῦ. The construction with κατηγορέω is like that with
     καταγιγνώσκω; see on 2b2.

c7   πρὸς μητέρα: The analogy again plays on the youth of
     Meletus.

c8   πολιτικῶν: either (1) masculine with μόνος or, more likely,
     (2) neuter with ἄρχεσθαι, "to be the only man who is
     beginning his political career".

d1   ὀρθῶς γάρ: "for the right way (to begin)". This repetition
     of ὀρθῶς is called "anastrophe" (S 3011).

d2   ἐπιμεληθῆναι: <ἐπιμελέομαι, "care for" + gen. The aor.
     has a passive form but an active meaning. Note the pun on
     Μελήτος ("paronomasia", S 3040).
     ἔσονται: fut. indic. after ὅπως ("that") with verbs of effort
     (S 2211).
     ὅτι ἄριστοι: "as good (specimens) as possible" (S 1086).

d3   εἰκός: sc. ἐστι, + acc. and inf., "it is reasonable for x to y". The agricultural analogy is continued in 3a1, ἐκκαθαίρει, τὰς βλάστας.

d4   ἴσως: "probably" (sometimes, "perhaps").

3a1   τῶν νέων: lit., "of the young"; τὰς βλάστας is more appropriate to the analogy, τῶν νέων to its application.

a2   δῆλον ὅτι: sc. ἐστι, "it is clear that".

a3   πλείστων ... ἀγαθῶν: neuter with αἴτιος.

a4   ὡς ... τὸ εἰκός: sc. ἐστι, "as is the natural thing".

a5   ἀρξαμένῳ: sc. τινί, "for one who ... ".

a6   τοὐναντίον = τὸ ἐναντίον.

a7   ἀτεχνῶς: "simply", like our common but incorrect use of "literally" to introduce a metaphor (B).
  ἀφ' ἑστίας: lit., "from the hearth", so, "at its very heart", since the hearth was the most sacred part of the home.

a8   κακουργεῖν: with ἄρχεσθαι.

a9   τί καὶ ποιοῦντα: "(by) actually doing what does he say ... ". The position of καὶ gives emphasis to ποιοῦντα (GP 312).

b1   ἄτοπα: "(He says I do) strange things".
  ὦ θαυμάσιε: lit., "wonderful man". Conversational English rarely uses honorific address. Sometimes the Greek is ironic (see 8a10), and the adjective can express amazement as well as admiration.
  ὡς οὕτω γ' ἀκοῦσαι: absolute inf., lit., "so far as (just) hearing it like this", so, "at first hearing".

b2   καινούς: See on 2c4. Euthyphro thinks Socrates means his "divine sign" (see b5). But Meletus may have been equally interested in the new gods of the Ionian physicists with whom Socrates was associated in the popular imagination. For the irony of ποιητήν, see on 2b9, Μέλητον.

b3   οὐ νομίζοντα: "not believing in", but the verb can refer to both belief and religious practice.
  ἕνεκα: here, "because of", usually placed after its noun.

b5   ὅτι δή: "(it is) no doubt because".
  τὸ δαιμόνιον: adjectival, "the divine thing". The "sign" (σημεῖον) of Socrates is never called a δαίμων. It comes as

a divine voice but is not itself a divinity. Socrates obeyed its authority and never tried to explain it away.

b6 ἑκάστοτε: here, "from time to time".
καινοτομοῦντος: lit., "cutting a new passage (in a mine)", so, "innovating". Probably gen. abs.

b7 ὡς διαβαλῶν: "with the intention of misrepresenting you", fut. part.

b8 εἰδώς: < οἶδα.
εὐδιάβολα: "easily misrepresented" (B).

b9 τοὺς πολλούς: "the many". Neither Socrates nor Euthyphro is very complimentary about the wisdom of the general public.
καὶ ἐμοῦ: Euthyphro associates himself with Socrates, as at c4, ἡμῖν πᾶσι. Socrates denies the association at e3, ὑμῖν τοῖς μάντεσιν.
ἐμοῦ ... μαινομένου (c2): after κατα- in καταγελῶσιν (S 1384a).

c1 περὶ τῶν θείων: See b7, περὶ τὰ θεῖα. The difference is inconsequential (S 1693 3c).

c2 τὰ μέλλοντα: i.e., "the future".

c3 οὐδέν (ἐστιν) ὅτι οὐκ: "there is nothing that ... not". In texts of Plato, ὅ τι is conventionally written as one word.
εἴρηκα: used as perf. of λέγω. Related to fut., ἐρῶ.
ὧν=τούτων ἅ (S 2531).

c4 οὐδέν: adverbial, "not at all" (S 1609).
αὐτῶν: φροντίζειν with the gen. means "to take thought for" or "care about".

c5 ὁμόσε ἰέναι: lit., "to come to the same place (with them)" (Homeric Greek), so, "to tackle (them)".

c6 τὸ μὲν καταγελασθῆναι: The antithetical (δέ) clause is to be understood as "but to be accused *is*".

c7 οὐδὲν πρᾶγμα: "(is) a matter of no importance".

c8 ἄν=ἐάν.
μή: sc. ὄντα, "if/so long as he is not".

c9 ὃν δ' ἄν: "but whomever they think". The antecedent would be τούτῳ, with θυμοῦνται.

d1   τοιούτους: "like that", i.e., δεινούς.
εἴτ᾽ οὖν: "whether, in point of fact"; the implication is that the alternatives do not greatly matter for now (GP 418).

d3   πέρι: The accent shifts when περί follows its obj.
ὅπως ... ἔχουσιν: "how they feel", as often with ἔχω + adv.
ποτέ heightens the interrogative, "how on earth".

d4   πειραθῆναι: < πειράομαι, deponent.

d5   σπάνιον ... παρέχειν: "present yourself scarce", so, "make yourself hard to get hold of".

d7   ὅτιπερ ἔχω: obj. of λέγειν.

d8   ἐκκεχυμένως: "prodigally", an adverb formed from the perf. part. pass. of ἐκχεῖν, "to spill". Socrates says in the *Apology* that he used to talk readily to anyone who would listen.
ἄνευ μισθοῦ: This was one way Socrates distinguished himself from the contemporary sophists, who sometimes earned a great deal.

d9   προστιθεὶς ἄν: "that I would add on (payment), that I would pay".
μου: with ἀκούειν.
ἐθέλει: The condition is mixed. The apodosis, which comes first (προστιθεὶς ἄν) is "less vivid future". ἐθέλει is more vigorous and conversational than ἐθέλοι.

d10   ὅ: "that which", i.e., "as".
νυνδή: When written as one word, this means "just now" (i.e., "a little while ago").

e1   σαυτοῦ: sc. "that they laugh at".

e2   διαγαγεῖν: < διάγω, "for us to spend our time".
εἰ δὲ σπουδάσονται: "if they are going to be serious"; emotional future conditional (S 2328). The potential seriousness of the trial is a threat.
ἤδη: "at this point", with ἄδηλον.

e3   ὅπη ἀποβήσεται: "how it will turn out". The fut. middle is used in an active sense.

e4   οὐδὲν ... πρᾶγμα: "it will not amount to anything".

e5   τε ... δέ: A writer sometimes begins as though with a "both ... and" but then ends with a (mild) contrast (S 2981a).

κατὰ νοῦν: lit., "in accordance with your intention", so, "satisfactorily".

ἀγωνιῇ: <ἀγωνίζομαι, "contest/fight a case", fut. 2nd sing. A trial is a chase, with the prosecutor (ὁ διώκων) pursuing and the defendant (ὁ φεύγων) fleeing.

e8   αὐτήν: internal obj. of φεύγεις, "are you the defendant?".

e10   τίνα: external obj. of διώκεις understood, "whom are you prosecuting?".

4a1   ὅν: "(one) whom".

αὖ: See 3c2. This is the second reference to his reputation for insanity.

a2   τί δέ: "what?", often introducing a second question (GP 175).

πετόμενον: lit., "someone flying". "Has he taken flight?" (Allen). This translation preserves the verbal play between the context of the law and the absurd idea of a wild-goose chase, of running after a flying bird (διώκω, literally).

a3   πολλοῦ ... πέτεσθαι: lit., "he lacks much of ˙flying", so, "he is a long way from flying".

ὅς γε: γε often emphasizes the causal force of a rel. clause, "since he".

τυγχάνει ὤν: τυγχάνω with the participle usually has the connotation of chance ("happens to be") or spontaneity (but see S 2096c).

εὖ μάλα πρεσβύτης: "quite well on in years".

a7   ὁ σός: In English, we would say "your *father*?".

βέλτιστε: See on 3b1.

a8   πάνυ μὲν οὖν: "very much so". The force of μέν is not here separable from οὖν, unlike at 3d10 (see S 2901a).

a9   ἔγκλημα: "charge".

τίνος: gen. of the charge.

a11   ἦ που: "certainly"; που here does not suggest doubt (S 2865).

a12   ὅπῃ ... ἔχει: "what the truth of the matter is". The text of these two lines is disputed.

ἐπιτυχόντος: <ἐπιτυγχάνω, "meet with". ὁ ἐπιτυχών is the first person who meets you, so, "the man on the street". With the gen. is understood εἶναι (S 1305), "I do not think it is (characteristic) of the man in the street to ... ".

b1 [ὀρθῶς]: Square brackets show what an editor wishes to exclude as spurious (here, added by mistake from the previous line), angle brackets what he wishes to insert.

πόρρω . . . ἐλαύνοντος: "but (it is characteristic) of one who has driven far already (on the road) of wisdom". σοφίας is partitive gen. with πόρρω.

b3 μέντοι: assentient here ("indeed"), not adversative ("however").

νὴ Δία: "by Zeus". Greeks swore using the acc.

b4 οἰκείων: The normal requirement was that one of the family (οἰκεῖοι) of the victim should prosecute, not someone outside it (ἀλλότριος).

τεθνεώς: < θνήσκω, which is used in the perf. (ἀποθνήσκω in the pres.) as the passive of ἀποκτείνω and so takes ὑπό and the gen. (S 1752 and p. 699).

b5 ἢ δῆλα δή: sc. ταῦτά ἐστιν, "or is it obvious?".

b6 ἐπεξῆσθα: < ἐπέξειμι, "prosecute x (dat.) for y (gen.)". The correct form is ἐπεξήεισθα (S 773).

b7 οἴει: 2nd sing. of οἴομαι (S 628).

τι διαφέρειν: "that it makes any difference".

b8 ἀλλ(ά) . . . εἴτε: Understand οἴει, "but (you do not think that) this is the only thing it is necessary to watch out for, namely whether . . . ".

b9 ἐν δίκῃ: "justly".

b10 ἐᾶν: < ἐάω, governed by δεῖν; "let (him) be".

ἐάνπερ: either (1) "even if" or, more likely, (2) "that is to say if" (S 2379); see on 9b9, 9c1. There is no requirement to prosecute unless cohabitation has spread the pollution (μίασμα) (B).

συνέστιος: "sharing a hearth with" (see on 3a7).

c1 ὁμοτράπεζος: "(eating at) the same table".

ἴσον: The pollution is equal whether the slain man is οἰκεῖος or ἀλλότριος (b8).

c2 συνειδώς: "knowingly".

ἀφοσιοῖς: subjunctive. Both father and son are polluted, and both can be purified by the trial.

c3 ἐπεί: "(But neither was the victim quite ἀλλότριος,) for". The victim was a πελάτης, "day-labourer", (or θής, 15d6) and though not a slave belonged in some sense to Euthyphro's family; hence, the emphatic ἐμός. This is Euthyphro's *locus standi*; see on 4b4.

c4   Νάξῳ: Euthyphro's father may have been one of the Athenian citizens allotted land in Naxos, but there is a chronological puzzle (B).

c5   παροινήσας: "in a drunken frenzy".

c6   ἀποσφάττει: "cut his throat", historic pres. (S 1883).

c8   πευσόμενον: <πυνθάνομαι, "in order to learn from" + gen. The exegete is one of the (three?) official exponents of religious law. At 9a6, they are referred to together in the pl. ὅτι χρείη=ὅ τι χρή; opt. in secondary sequence of indirect question, after πέμπει, historic pres.

d1   δεδεμένου: <δέω (cf. συνδήσας, c6).
     ὠλιγώρει: ὀλιγωρεῖν and ἀμελεῖν both take the gen. (S 1356).

d2   οὐδὲν ... ἀποθάνοι: "(thinking it, ὡς) no matter if he *did* die". ὄν is an acc. abs., which is like a gen. abs. but usually used for impersonal verbs (S 2076).

d3   ὅπερ ... ἔπαθεν: "which is just what happened to him". The enclitic -περ emphasizes the connection with the antecedent (S 338c). For οὖν, see GP 421.
     ῥίγους <ῥῖγος, "cold", gen.

d4   δεσμῶν: "bonds" (δεσμά is the usual pl. of δεσμός).

d5   ἀγανακτεῖ: ταῦτα is internal obj. and looks forward to ὅτι in d6, "this is what my father is angry about and the rest of the family, that". The verb is sing. because he starts with his father's reaction and then adds the family.

d7   φόνου: For the construction with ἐπεξέρχομαι, see on 4b6.
     οὔτε ... οὔτ(ε): The strategy of the defence is to claim that either there was no φόνος (but a natural death) or, if there was φόνος, it was good riddance.

d8   ὅτι μάλιστα: lit., "as much as possible", so, "were it never so true that ... ".
     ἀνδροφόνου γε ὄντος: gen. abs., "since ... ".

d9   οὐ δεῖν: "nor should one"; sc. φασιν. οὐ simply reinforces οὔτε one line above.

e1 τὸ ... ἐπεξιέναι: articular inf., subject of ἀνόσιον εἶναι, "for it is unholy for a son to ... ". See on 2c2. εἶναι continues the indirect discourse (as δεῖν above).
υόν=υἱόν.
κακῶς εἰδότες: "little knowing" (Allen).

e2 τὸ θεῖον ὡς ἔχει: not one particular divine thing, but divinity or the gods generally, "how Heaven is disposed". Here, τὸ θεῖον is the subject of ἔχει, put outside the ὡς clause as obj. of εἰδότες (prolepsis, S 2182).

e4 οὑτωσί: The "deictic" suffix -ι is added to demonstratives for emphasis (S 333g). It always takes the accent.

e5 ὅπη ἔχει: "in what way they hold", so, "what the truth is about them". The subject of ἔχει is τὰ θεῖα, anticipated in the main clause after ἐπίστασθαι περί (see on e2).

e6 πραχθέντων: <πράττω.

e7 ὅπως μή: "lest", after verb of fearing (S 2230).
αὖ: like his father.

e9 γάρ: "yes, for"; see on 2b3.
μου: i.e., "in me".

5a1 τῳ=τινι.
διαφέροι: "surpass x (gen.) by amount y (dat.)".
Note the play between the name Εὐθύφρων="straight thinking" and ἀκριβῶς εἰδείην (<οἶδα).

a3 ἆρ' οὖν: "is it not then". The whole speech is one sentence—a question after ἆρα (the accent distinguishes this from the postpositive ἄρα="therefore").

a4 μαθητῇ: "pupil", agreeing with μοι.

a5 προκαλεῖσθαι: "challenge x (acc.) on the grounds of y (acc.)". Socrates is suggesting a challenge (πρόκλησις) which, if Meletus declined, could be used against him at the trial (see b6)—a regular procedure.
λέγοντα: We expect λέγοντι after μοι (5a3), but there is a shift after προκαλεῖσθαι to a normal acc. and inf. (S 1974).

a6 περὶ ... ἐποιούμην: "I have always thought it important".

a7 αὐτοσχεδιάζοντα: "innovating" (see on 3b2-6).

a9 φαίην: In Burnet's text, the direct speech is an interruption in the grammatical structure, which resumes at b5, καὶ ἂν μή. Alternatively, καί can be taken with φαίην ἄν, with the direct speech starting εἰ μέν.

b1 τὰ τοιαῦτα: "in these matters".
ὀρθῶς νομίζειν: i.e., "to be orthodox" (see on 3b3).

b2 εἰ δὲ μή: sc. ὁμολογεῖς.
ἐκείνῳ τῷ διδασκάλῳ: "against him, my teacher".
λάχε: <λαγχάνειν, "to obtain by lot"; here, "institute an action", since the order of hearings was determined by lot. The construction is as with ἐπεξέρχομαι (see on 4b6).

b3 διαφθείροντι: Meletus was commended for first going after the corrupters of youth (2d1ff); the next logical target is the corrupters of the corrupters.

b5 ἄν=ἐάν.
ἀφίῃ: <ἀφίημι, "release x (acc.) from y (gen.)".

b6 λέγειν: governed by κράτιστόν ἐστι, 5a3.

b7 προυκαλούμην: προ- never elides, but it may contract with an augment (S 449b).

c1 ὅπῃ σαθρός ἐστιν: lit., "in what way he is unsound", so, "his weak point".

c2 ἄν ... ἐγένετο: as though the protasis had been "if he had tried".

c5 καὶ ἄλλος ... καί: lit., "both another person and Meletus", so, "especially Meletus" (S 2980).

c6 οὗτος: The distinction between οὗτος and ἐκεῖνος can be that between contempt and praise (11d3). But see S 1254.
σε ... ὁρᾶν: "appears not even to see you". The ironical suggestion is that Meletus is deliberately blind, perhaps because Euthyphro is too big a fish to try for.

c7 κατεῖδεν: "has seen through", a stronger word than εἶδεν.

c9 ποῖόν τι: "what sort of thing".
τὸ εὐσεβές: εὐσεβής and ὅσιος are not distinguished in the dialogue.

d1 ταὐτόν ... αὐτὸ αὑτῷ: "(itself) the same as itself"; the intensive pronoun often accompanies a reflexive for emphasis (S 1235). For the form ταὐτόν=τὸ αὐτό, see S 328N. This is the first condition Socrates lays down. Socrates is looking for something which all holy actions have in common. The language is suggestive of the Platonic Theory of Forms; "the holy" and "the unholy" are said each to have one single form (ἰδέα or εἶδος at 6d11) "by which", e.g., all holy things are holy (see 6e1–5). But the question is controversial whether the theory is implicit here, and if so, in which of its versions.

d3 παντὸς ἐναντίον: This is the second condition. The unholy must be opposite to the holy in every case. παντός refers to ἐν πάσῃ πράξει at d2.

αὐτὸ ... αὑτῷ: The first condition is repeated and explained for "the unholy". Euthyphro must show that the unholy is "itself like itself, that is (καί is epexegetic, S 2869a), has one form".

d4 κατὰ τὴν ἀνοσιότητα: "with respect to its unholiness".
πᾶν ... εἶναι: "the whole of it, whatever is to be unholy". πᾶν agrees with τὸ ἀνόσιον (d2). μέλλῃ, "is to be", in the sense "is properly to be classified as".

d7 λέγε δή: "now then go on to state". Socrates is asking for a λόγος, "account", which will meet the conditions of d1–5. Euthyphro replies that what he is doing, prosecuting his father, is holy and that this can be generalized (d10). At 6d1ff, Socrates objects that this does not give the *one form* he asked for. Note that Euthyphro is *not* saying that *whatever* he does is holy.

d8 The structure after ὅτι is τὸ μὲν ὅσιόν ἐστιν ... ἐπεξιέναι, τὸ δὲ μὴ ἐπεξιέναι (ἐστὶν) ἀνόσιον (5e2).

d10 ἐπεξιέναι: in apposition to ὅπερ ... ποιῶ, "namely, to prosecute".
ἐάντε ... ἐάντε: "whether ... or".

e1 ὁστισοῦν: "anyone whatsoever".

e2 ἐπεί ... θέασαι: 1st aor. imperative of θεάομαι, "for (if you doubt it) consider". For a similar ellipse with ἐπεί, see on 4c3.
ἐρῶ: See on εἴρηκα, 3c3.

e3 οὕτως: refers forward to μὴ ἐπιτρέπειν (e4). The τεκμήριον itself is introduced by γάρ at e5.

e4 ὅτι ... γιγνόμενα: "(to show them) that this (case) would take place legitimately in this way".
μὴ ἐπιτρέπειν: after νόμου, "that one should not give in".

e5   μηδ' ἂν ... ὤν: "not even if he happens to be anybody",
     so, "whoever he may be".
     αὐτοὶ γάρ: e.g., his relatives, as at 4d6.

6a2 ὑεῖς: The pl. of υἱός (2nd decl.) is declined in the 3rd (the
     stem changes, S 285.27). The ι is often omitted in both
     sing. and pl. (see on 4e1).
     κατέπινεν: "swallowed", imperfect of repeated action (all
     his sons). Cronos swallowed his children because he knew
     his son was to be king of heaven and earth.
     κἀκεῖνον=καὶ ἐκεῖνον, "and he in his turn (αὖ)", continu-
     ing the story back. Cronos castrated (ἐκτεμεῖν <ἐκτέμνω)
     his father Uranus because Uranus had, in fear, thrust his
     sons into the underworld.

a3   δι' ἕτερα τοιαῦτα: "because of other (instances of) such
     things", so, "for a similar offence".

a4   αὐτοὶ ... λέγουσι: i.e., "they contradict themselves".

a6   ἆρά γε: "this then must be why?".
     τοῦτ(ο) ἔστιν οὕνεκα ... ὅτι: "this is the reason that ...
     because". οὕνεκα=οὗ ἕνεκα.

a8   δυσχερῶς: "with difficulty". In the *Republic*, Plato banished
     from his ideal state any writers who attributed violence or
     injustice to the gods.

a9   καὶ ... συνδοκεῖ: "seem right to you, too" (in addition to,
     συν-, the masses).

b1   ἡμῖν=ἐμοί. φήσομεν and ὁμολογοῦμεν (b2–3) also refer
     just to Socrates.

b3   μηδέν: ὁμολογέω usually governs μή, not οὐ (S 2725).
     πρὸς Φιλίου: "by (Zeus) Philios"; Zeus was the god of
     friends (and of families!).

b4   ὡς ἀληθῶς: a common idiom meaning "truly".

b6   ἴσασιν: <οἶδα.

b7   τῷ ὄντι: "in reality".

b9   οἷα ... καί: The construction shifts from relative clause to
     main clause (S 2517).

c1   τά τε ἄλλα ἱερὰ ... καὶ δὴ καί: "the other temples ... and
     especially (to the Acropolis)"; see on 5c5.

c2 τοῖς μεγάλοις Παναθηναίοις: "at the Great Panathenaea". This festival was held every four years. A robe depicting the triumph of Athena was carried up (ἀνάγεται) to the Acropolis for the statue of Athena Polias.

c4 φῶμεν: "shall we say?". When the subject is deciding what to do, the ("deliberative") subjunctive often is used.

c5 μὴ μόνον γε: "yes, and not only (these)". μή rather than οὐ because φῶμεν (subjunctive) is implied.
ὅπερ: "as".

c7 ἃ ... ἐκπλαγήσῃ: <ἐκπλήττω, "astound", fut. pass.; "which, if you hear (them), I know well that you ... ".

c8 εἰς αὖθις: "another time".

c9 ἐπὶ σχολῆς: "at (our) leisure".
διηγήσῃ: <διηγέομαι, fut. as a command (S 1917).
ἠρόμην: aor. of ἔρομαι, "ask" (see S p. 695, εἴρομαι).
πειρῶ: imperative mid.

d1 τὸ πρότερον: adverbial (=πρότερον). The reference is to 5d8ff, Euthyphro's first attempt at a definition.

d2 εἴη: opt. after a secondary tense.

d6 ἀλλὰ γάρ ... καί: "but (that is irrelevant,) for in fact"; S 2819b.

d8 καὶ γὰρ ἔστιν: "yes, and so there are". ἔστιν is emphatic.

d9 μέμνησαι: <μιμνήσκω. μέμνημαι serves as a pres., "do you remember?".

d11 εἶδος: not here distinguishable from ἰδέα.
ᾧ ... ἐστιν: "by which all holy things are holy". The expression is studiously vague, concealing philosophical difficulties which Plato explores in later dialogues. The dat. here and in μιᾷ ἰδέᾳ is instrumental or causal. See 10e5–8 where τῷ φιλεῖσθαι is equivalent to ὅτι φιλεῖται.
ἔφησθα: <φημί.

e2 ἔγωγε: "certainly I (do)" (S 186a).

e3 αὐτήν: "(by) itself".

e4 ἀποβλέπων: "looking off at it", as a painter looks off from the canvas at his model (Graves).

παραδείγματι: "as a paradigm". A form is a standard (παράδειγμα) against which candidates for a designation, e.g., "holy", can be measured.

e6   μὴ φῶ: "I may declare not (to be)".

e7   ἀλλ(ά): "why, … ", complying with a command (GP 17).

e9   ἀλλὰ μὴν … γε: "oh but (I *do*)" (GP 344).

e10   προσφιλές: "dear to" + dat. Euthyphro's second attempt meets the first condition of 5d1–5 (*all* holy acts might be dear to the gods) but not the second (if an act might be dear to some gods but hateful to others, the holy is not in *that* case opposite to the unholy).

7a3   ἀπεκρίνω: 2nd sing. aor. mid.

a4   δῆλον ὅτι: originally, "(it is) clear that", so, "evidently" (S 2585).
      ἐπεκδιδάξεις: "will fully prove as well". ἐπί implies addition, ἐκ completeness.

a6   φέρε δή: "come then", followed by the hortatory subjunctive.
      ἐπισκεψώμεθα: < ἐπισκοπέω, aor. mid. subjunctive.

a7   θεοφιλής: attributive, ὅσιος predicative. ὅσιον has to be understood with τὸ θεοφιλές.

a9   τὸ ὅσιον: subject of ἐστιν, so placed for emphatic contrast.
      οὐχ οὕτως: "is that not right?". The text of a9–b1 is disputed.

a11   εἰρῆσθαι: < ἐρῶ.

b1   δοκῶ = δοκεῖ μοι, "I think so" (S 1983).
      εἴρηται γάρ: bracketed (i.e., excised) as being an ancient alternative reading (B).

b2   ὅτι στασιάζουσιν: "that (the gods) are in a state of civil war (στάσις)", governed by καὶ τοῦτο εἴρηται in b4.

b6   ὀργάς: The pl. = "instances of … ". Note the assumption that analysis of human disagreement will work also for gods. Note also the careful balance in the whole passage (b7–d5) between repeated and varied phrasing.

b7   ἄν: signals the character of the construction and is then repeated with ποιοῖ, (S 1765a).

b8   περὶ ... πλείω: "on a numerical question, which of two sums was the greater" (B).

b9   ἂν ἡμᾶς ποιοῖ: "would make us ... and (cause us) to ... "; ποιοῖ = ποιοίη.

c1   ἀπαλλαγεῖμεν: < ἀπαλλάσσω, aor. pass. opt., "get rid of", so, "cease from (our quarrel)".

c6   ἔστι = ἀληθῆ ἐστι.

c7   τὸ ἱστάναι: "putting (in the balance)", so, "weighing". These examples show that there is enmity only when a) the dispute is about values and b) there is no agreed-upon decision procedure.

c8   διακριθεῖμεν: < διακρίνω, aor. pass. opt., "be brought to a settlement".

c9   πῶς γὰρ οὔ: i.e., "yes, obviously"; see on 2b3.

c10   διενεχθέντες: < διαφέρω.
ἐπὶ τίνα κρίσιν: "to what (kind of) decision procedure". The use of ἐπί here parallels b10, c4, c7. κρίσιν = διάκρισιν (from c8, διακριθεῖμεν).

c12   πρόχειρον: "at hand", "perhaps you cannot answer straight off".

d1   σκόπει: imperative.
τάδε ἐστί: "they are the following". Plato unifies the dialogue by introducing ἀδικία at 4b9ff, τὸ δίκαιον here, and finally discussing the connection with τὸ ὅσιον at 11e4ff.

d2   ἆρα ... περὶ ὧν: "are not these the things about which".

d4   αὐτῶν: See on 6b9 for a similar shift from relative to demonstrative.

d6   ἀλλ(ά): "but of course".
αὕτη = τοιαύτη, "(is) of this kind".

d8   τί δὲ οἱ θεοί: "what about the gods?".
εἴπερ: "if (they) really (do)". Socrates doubted these stories; at e2, he is careful to ascribe them to Euthyphro.

e1   ἄλλοι ἄλλα: "(one set of gods thinks one set of things right), another another"; see S 1274. The behaviour of the gods during the Trojan War is one example.

e3   ἐστασίαζον: The conditional is *present* contrafactual.

e4 ἦ γάρ: "is that not so?"; often used at the end of a question to make the request for an answer more insistent. See GP 86.

e6 ἕκαστοι: "each set of gods".

e9 ταὐτά = τὰ αὐτά (so ταῦτ' in 8a4).
δέ γε: often introduces a minor premise in Plato.

8a5 ἂν εἴη: implies "if we accept all the premises".

a7 καὶ ὅσια ... εἴη: This contradicts the second condition established at 5d2 (7a8).

a9 κινδυνεύει: See on 2c5. Each assent of Euthyphro from 7d10 to 8a9 is less wholehearted than the one before.

a11 ἠρώτων: < ἐρωτάω, "for this was not what I was asking".
ὅ τυγχάνει ... ἐστιν: The text is awkward. ταὐτόν has to be taken in apposition with ὅ, "which, while being the same thing, is both holy and unholy; and which, if it is god-loved, is also god-hated". ὅ δ' ἄν introduces a present general conditional relative (S 2567), which refers not to *anything* god-loved (for the conclusion would not follow) but to anything of the kind referred to in the previous clause. Or perhaps S reaches an invalid conclusion (see 9c8), "whatever is θεοφιλές is also θεομισές".

b2 οὐδὲν θαυμαστὸν εἰ: "it would not be at all surprising if".

b3 Κρόνῳ, Οὐρανῷ: i.e., as fathers; see 6a1−3.

b4 Ἡφαίστῳ: When his mother, Hera, banished him, Hephaestus sent her a throne which bound her to itself.
καὶ εἰ ... αὐτοῦ: "and if there are any other gods who differ on the subject one with another". αὐτοῦ refers to τοῦτο, b2.

b5 καὶ ἐκείνοις ... αὐτά: "for them too in the same way", i.e., you please one and displease the other.

b7 περί γε τούτου: "about this at least", referring forward to the ὡς clause.

b8 ὡς οὐ δεῖ: "(saying) that that man should not", i.e., all agree that he should (S 2743). "Should not" is the regular meaning of οὐ δεῖ.
δίκην διδόναι: "pay the penalty". There is a play between δίκην and ἀδίκως, as at e1.

b10 ἀνθρώπων: partitive gen. with τινός, "did you ever hear a *man* argue"; again, the analogy from humans to gods (see on 7b6).

c2 ὁτιοῦν: with ἄλλο, obj. of ποιοῦντα.

c3 οὐδέν: adverbial.
μὲν οὖν: corrective, "I certainly have" or "on the contrary" (GP 475, not 476). Socrates was expecting the opposite answer.

c4 καὶ ἄλλοθι καί . . . δικαστηρίοις: See on 5c5.
πάμπολλα: sc. ἀδικήματα, internal obj.

c5 πάντα: "anything".
φεύγοντες: "(in) trying to escape", conative pres. (S 1878a, 2102).

c7 φασί: emphatic; otherwise, it is enclitic (e.g., d1).
σφᾶς: acc. of σφεῖς, an old 3rd pl. pronoun.

c9 πᾶν: another verbal play. Euthyphro did not mean πάντα strictly; see on 4a2, 12a4.

c10 οἶμαι: parenthetical, as at d1, e4, etc.

d1 δοτέον: "one must pay", verbal adjective expressing necessity, impersonal active construction.
οὐ: with ἀδικεῖν.

d6 τὸ τίς ἐστιν: "about the question who is". τό has the power to make the entire succeeding clause into a substantive (S 1153g). A criminal may say that criminals should be punished, but that he should not be (because he is not a criminal).

d8 πεπόνθασιν: <πάσχω, "experience": "does not the very same thing happen to the gods also"; see on πάθος, 11a7.

d10 ἀλλήλους: subject of ἀδικεῖν. The thought is condensed, "the one group (see 7e1–4) says the other group is doing wrong, and *vice versa*, and the other group denies it". ἄλλους would be easier (Heidel).

e1 τῷ ἀδικοῦντι: The agent stands here in the dat. (the acc. is also permissible).

e2 μέν: implies that not everything Socrates has said is true.
τὸ . . . κεφάλαιον: "on the whole", acc. of respect, used adverbially.

e4 ἕκαστον ... πραχθέντων: "each of the things done (individually)".

e6 πράξεώς τινος πέρι: "about a particular action". From Euthyphro's claim at 8b8 it does not follow that his action is holy unless all the gods agree that his father killed ἀδίκως.

9a1 ἴθι: <εἶμι, "come then". Like φέρε (7a6), signals a command.
    νυν: an enclitic particle with inferential sense, to be distinguished from νῦν, "now".

a2 πάντες θεοί: See on 9e2.

a3 τεθνάναι: See on 4b4.
    θητεύων ... γενόμενος: "having killed a man while employed as a day-labourer". For notes on this story (θής, δεσμά, ἐξηγητῶν), see on 4c3–d4, the original account.

a5 φθάσῃ τελευτήσας: φθάνω + supplementary part.="do x first/too soon", so, "succeeds in dying before" (S 2096).

a6 αὐτοῦ: the day-labourer.
    καὶ ... ὀρθῶς ἔχει: "and (that) it is right", after τεκμήριον ὡς, a2.

a7 ἐπισκήπτεσθαι: construed like ἐπεξιέναι (see on 4b6). Technically, it refers to the "denunciation" which *precedes* the actual prosecution.

a9 τί ... σαφές: lit., "something certain, some clear proof".

b1 παντὸς μᾶλλον: lit., "more than everything", so, "beyond a doubt".

b2 κἄν=καὶ ἐάν.

b3 ἐπὶ σοφίᾳ: "on the basis of wisdom", so, "for wisdom".

b4 οὐκ ὀλίγον ἔργον: "no small task".

b5 ἐπεί ... γε: "(although it is possible,) for". For a similar ellipse, see 4c3.
    ἔχοιμι: with inf., ἔχω="be able".

b6 μανθάνω· ὅτι: as at 3b5; "I understand; (it is) because".

b7 δῆλον ὅτι: See on 7a4.
    ἄδικα: pl. since it refers to the actions of Euthyphro's father.

b9 ἐάνπερ: "if in fact". Perhaps they will laugh at him as if he were mad.

c1   ἐάνπερ ... λέγειν: "certainly as long as they think you speak well".

c2   ἐνενόησα: <ἐννοέω. τόδε is the obj., σου ἅμα λέγοντος gen. abs.
  πρὸς ἐμαυτὸν σκοπῶ: "I am thinking to myself".

c3   ὅτι μάλιστα: See on 4d8.
  διδάξειεν: a mixed conditional; less vivid future, but μεμάθηκα, rather than μάθοιμ' ἄν, makes it more vigorous (see on 3d9, ἐθέλει).

c6   θεομισὲς μέν: Even if his father's act was hated by all the gods (see on 8e6), the prosecution would give only an *example* of holiness, not the μία ἰδέα of 5d3-4.

c7   ἀλλὰ γάρ: "but (that is not enough,) for ... ".
  τούτῳ: "by this (criterion)".
  ἐφάνη: <φαίνω, aor. pass.; "were shown (to be)".

c8   τὸ γὰρ θεομισές: Even if *this* action was hated by all the gods, any other action might be hated by some, loved by others; "for what is god-hated was shown to be also god-loved" (though this was not shown universally).

c9   τούτου: "from this task" (of proving divine unanimity).

d1   ἡγείσθων: 3rd pl. pres. imperative; μισούντων likewise.

d2   ἐπανορθούμεθα: "we are correcting". A statement follows of the corrected account, and the main sentence continues with the repeated ἆρα at d4.

d5   ἡμῖν ὡρίσθαι: perf. inf., impersonal, "that it be defined by us".

d7   τὸ σόν: "your own position".

d8   τοῦτο ὑποθέμενος: "having established this as a basis", so, "with this starting point".
  ῥᾷστα: <ῥᾴδιος, superlative adverb.
  ὑπέσχου: <ὑπισχνέομαι.

e1   ἀλλ(ά): "well" (GP 18). This is Euthyphro's third proposed account of τὸ ὅσιον.

e2   πάντες οἱ θεοί: Despite S 1174c, the expressions πάντες θεοί, πάντες οἱ θεοί, and οἱ θεοὶ ἅπαντες are hardly distinguishable.

e4 ἐπισκοπῶμεν: deliberative subjunctive, like ἐῶμεν and ἀπο-
δεχώμεθα; see on 6c4.

e5 καλῶς: "correctly", as often with λέγω.

e7 ἔχειν: "that it *is* (so)".
τί λέγει ὁ λέγων: "what the speaker *means*".

e8 νυνί: "as it is", more emphatic than νῦν. See on 4e4.
καλῶς: answers καλῶς, e5.

10a1 τάχ(α) ... εἰσόμεθα: <οἶδα, fut., "we shall soon know (or
find out)".
ὠγαθέ=ὦ ἀγαθέ.

a2 ἆρα ... ἐστιν: "is the holy loved by the gods because it is
holy, or is it holy because it is loved?". For some modern
treatments of this profound question, see the bibliography.

a4 ὅτι λέγεις: "what you mean".

a5 λέγομεν ... φερόμενον καὶ φέρον: "we speak of a thing as
being carried and carrying", i.e., we distinguish passive and
active. For the structure of the following complex argu-
ment, see on c9 and d1 below.

a8 ᾗ: "in what way", a relative adverb.

a10 οὐκοῦν ... φιλοῦν: "is there not also a thing being loved
and that which loves (which is) different from this".

b1 πότερον ... ἄλλο τι: "whether a thing being carried is a
thing being carried because it is carried, or for some other
reason". Perhaps Socrates is appealing to the fact that the
indicative is more fundamental in language than the parti-
ciple.

b3 οὔκ=οὐ δι' ἄλλο τι. Faced with two questions, the speaker
usually takes the second first.

b4 τὸ ἀγόμενον: sc. ἀγόμενόν ἐστι.

b8 τὸ ἐναντίον: "on the contrary", adverbial acc. The implica-
tions about τὸ ὁρώμενον, ἀγόμενον, and φερόμενον are
drawn in the reverse order to that in which they were men-
tioned.

c1 βούλομαι λέγειν: i.e., "I mean".
τι γίγνεται ἤ τι πάσχει: The first τι is subject; the second is
either obj., or, if it is subject, an obj. τι is understood.
Socrates here reaches a general conclusion about passives

from his three examples. He puts it in terms of γίγνεσθαι and πάσχειν (for, e.g., κρύπτεσθαι=πάσχειν κρύψιν or γίγνεσθαι κρυπτόν). Nothing in the argument depends on the difference between these two verbs.

c6 τὸ φιλούμενον ... του: "is not a thing being loved either a thing becoming (something) or a thing experiencing something at the hands of something (else)".

c9 τοῦτο ... ὥσπερ: "the same holds in this case as". The argument is clearest if abbreviated: (1) A thing is γιγνόμενον because γίγνεται, not γίγνεται because γιγνόμενον (c2–3). (2) It is πάσχον because πάσχει, not πάσχει because πάσχον (c3–4). (3) τὸ φιλούμενον is either γιγνόμενον or πάσχον (c6–7). (4) So, a thing is φιλούμενον because φιλεῖται, not φιλεῖται because φιλούμενον (c9–11).

c10 ὑπὸ ὧν=ὑπὸ τούτων ὑπὸ ὧν.

d1 περὶ τοῦ ὁσίου: The argument continues to 11b1, starting with the conclusion above: (1) A thing is φιλούμενον because φιλεῖται, not φιλεῖται because φιλούμενον. (2) The holy φιλεῖται because it is holy. It is not holy because φιλεῖται (d6–7). (3) The god-loved (θεοφιλές) =τὸ φιλούμενον by the gods (implied by καὶ θεοφιλές, d10). (4) The holy is φιλούμενον, and so god-loved, because φιλεῖται (d9–10), from premises 1 and 3. (5) So, the god-loved and the holy are not the same (d12–13), since they have opposite "because" relations with φιλεῖται (as spelled out in e2–7). The second premise answers the question at 10a2, but it is not said on what grounds.

d2 ἄλλο τι: usually followed by ἤ, "(is it) anything else (than)", i.e., "isn't it true that" (S 2652).

d6 ἐστιν: The subject of the whole sentence is still τὸ ὅσιον from d1.

d9 ἀλλὰ ... θεοφιλές: The subject is still (as translated above) τὸ ὅσιον.

d12 οὐκ ... ἐστιν: The conclusion of the argument is properly that τὸ θεοφιλές and τὸ ὅσιον are not the same. The holy may *be* god-loved, but only *because* φιλεῖται ὑπὸ θεῶν. The meaning is clear from the context and from τοῦτο τούτου in d13.

d13 ἕτερον: "different".

e2–7   add nothing new, merely rephrasing the key steps of the argument.

e3   ἢ γάρ: See on 7e4.

e5   τὸ δέ γε θεοφιλές: Strictly, what has been said is that *the holy* is god-loved because φιλεῖται. Socrates moves to saying that the god-loved itself is god-loved because φιλεῖται.
αὐτῷ ... φιλεῖσθαι: "by that very being loved".

e6   εἶναι: after ὁμολογοῦμεν at e2. Likewise φιλεῖσθαι, e7.

e9   The conditional has a protasis (εἰ γε); then its apodosis is split into two subordinate conditionals, each with protasis (εἰ μέν, εἰ δέ) and apodosis (καὶ διά, καὶ τό; in both cases, καί="also"). The logical structure is: If A, then if B (which is true), then C and if D (which is true), then E (but not C and not E, so not A).

e10   διὰ τὸ ὅσιον εἶναι=ὅτι ὅσιόν ἐστι.

11a3   νῦν δέ: "but in fact", a regular transition from a contrafactual back to reality (S 2924).

a4   ἔχετον: dual, as are ἑτέρω and ὄντε. The two subjects to be supplied are τὸ θεοφιλές and τὸ ὅσιον. The first is then referred to in τὸ μὲν γάρ, the second in τὸ δέ at a5.

a5   οἷον=τοιοῦτον οἷον, "is the sort of thing to be loved". οἷον, like ὥστε, can introduce an inf. of natural result. The question is what *makes* the holy this sort of thing.

a6   κινδυνεύεις: governs βούλεσθαι (a8).

a7   ὅτι ποτ' ἐστίν: "what in the world (the holy) is". τὸ ὅσιον is "proleptic"; see on 4e2.
οὐσίαν ... πάθος: πάθος is explained by ὅτι πέπονθε (<πάσχω), οὐσία by ὅτι ὄν. A πάθος is what happens to a thing; its οὐσία is what it is. This is the first known use of this pair of terms for the philosophical distinction, made repeatedly by Aristotle, between "accident" and "essence".

a8   οὐ ... δηλῶσαι ... λέγειν: "not to make clear ... but to tell (me)", both infinitives probably with βούλεσθαι.

a9   πέπονθε: τὸ ὅσιον is the subject, τοῦτο the obj., referring forward to φιλεῖσθαι.

b1   ὅτι δὲ ὄν: A verb has to be understood, perhaps πέπονθε τοῦτο, "being what ... ", i.e., "what it *is* that this happens to".

φίλον: sc. ἐστι; lit., "is pleasing to you", so, "if you please".
μή με ἀποκρύψῃ: "do not hide (it) from me".

b3   εἴτε ὁτιδὴ πάσχει: "or whether anything you like happens to it".

b4   διοισόμεθα: < διαφέρω.
τί ἐστιν: The question mark in b5 makes this (and perhaps τί ὄν in b2) a direct question.

b6   οὐκ ἔχω ... ὅπως: lit., "I do not have how", so, "I don't know how to".
εἴπω: deliberative subjunctive (but see S 2546).

b7   ὃ ἂν προθώμεθα: < προτίθημι; "whatever (account) we propose".

b9   προγόνου: possessive gen. (S 1411b), with Δαιδάλου in apposition. Daedalus was famous for making statues which walked around. His connection with Socrates is obscure (whether through family, deme, or profession).

c2   ἐτιθέμην: "if I were the one laying them down".
ἴσως ... ἐμοί: "perhaps you would have joked about me that for me too (just as for Daedalus)".
ἄρα: "it turns out/it seems", GP 38.

c3   τὰ ... ἔργα: "my works of art in words".

c4   σαὶ γάρ: γάρ can precede the clause which it explains (here, ἄλλου δή ...), "inasmuch as" (GP 68, 71)

c5   ἄλλου ... σκώμματος: "we need a different joke", picking up c2.

c6   σοὶ μένειν: σοί emphatic, contrasted with ἐμοί at c2.

c7   σχεδόν τι: adverbial, "pretty nearly", S 1268.

c8   δεῖσθαι: < δέομαι, "need", (deponent) + gen.
τὰ λεγόμενα: Contrast c1. Euthyphro shares the responsibility with Socrates (see on 3b9), "but I think that is almost exactly the joke to fit our discussion".
τὸ ... περιιέναι ... μὴ μένειν: articular infinitives. The most straightforward order would be οὐκ ἐγώ εἰμι ὁ ἐντιθείς αὐτοῖς τοῦτο τὸ περιιέναι etc.

d1   ἐμοῦ γε ἕνεκα: "as far as I am concerned, if it were up to me".

d2   οὕτως: "as they were".

d3   ἐκείνου: See on 5c6.

d4   τέχνην: acc. of respect.
     τοσούτῳ, ὅσῳ: "to this extent, that", datives of degree of
     difference.
     ὁ μὲν ... ἐγὼ δέ: "whereas he ... , *I* ... ".

d5   μόνα: adj. where English uses the adv. "only".
     πρός: "in addition to". Socrates never claimed that his own
     "works of art in words" were immovable. See 6b2–3. This
     profession of ignorance is characteristic of "Socratic irony".

d6   τὰ ἀλλότρια: "not mine". Again, Socrates refuses the asso-
     ciation with Euthyphro.

d7   κομψότατον: "the most ingenious part of".

e1   τὰ Ταντάλου χρήματα: subject of γενέσθαι (governed by
     ἐβουλόμην), with which sc. μοι (as dat. of possessor). Tan-
     talus was proverbially wealthy.

e2   τρυφᾶν: "to be playing delicate", as though out of condition
     for the debate.

e3   συμπροθυμήσομαι ὅπως: "I will add my energy so that", a
     reference to προθύμως, 11b4. But δεῖξαι may be right, "to
     show you how".

e4   προαποκάμῃς: prohibition, or else to be taken after ὅπως if
     the stop after ὁσίου is removed.

e5   πᾶν τὸ ὅσιον: subject of εἶναι.

12a1 τὸ μὲν αὐτοῦ: "one part of it".

a2   τὸ δέ τι: either (1) "the other, whatever it is" (S 1108), or
     (2) τι goes with καὶ ἄλλο, "something else (again)" (Allen).

a4   καὶ μήν: "and yet", adversative (GP 358).
     νεώτερος: younger, so, able to keep up; a play on ἕπομαι.
     οὐκ ἔλαττον ἢ ὅσῳ: like τοσούτῳ ὅσῳ (see on 11d4).

a5   ὃ λέγω: "as I said", at 11e2. For the tense, see S 1885.

a6   σύντεινε σαυτόν: "pull yourself together".
     καὶ γὰρ οὐδέ: "for in fact it is not even" (GP 109).

a8   ἐποίησεν: The verses are said to be from the *Cypria*, one of
     the early poems, now lost, known as the Epic Cycle.

a9   Ζῆνα=Δία, acc. of Ζεύς.
     ἕρξαντα: <ἕρδω, "do". The text is corrupt. Perhaps, "he is
     not willing to reproach Zeus the creator"; but Zeus is not

usually referred to as creator. Burnet conjectured νεικεῖν and ϝέρξαντα (with a digamma, for which θ' is a mistake). The subject of ἐθέλει is unknown.

b1 ἵνα: with indic. (sc. ἐστι) = "where".
δέος: "fear".
αἰδώς: a sense of shame or conscience (Plato uses αἰσχυνό-μενος as a parallel at b10).

b4 οὐ δοκεῖ ... εἶναι: Probably the subject of εἶναι is αἰδώς, just as it is δέος at b9; "that there is, where δέος, also αἰδώς".

b6 δεδιότες: < δείδω, perf. in present sense.
μηδέν: "not at all".

b7 ταῦτα: direct obj., "over these things".

b9 εἶναι: sc. δοκεῖ.
ἐπεὶ ... ὅστις "since is there (anyone) who".

b10 αἰσχυνόμενος: a rough synonym, but perhaps less poetic.
πεφόβηται: if contrasted with δέδοικεν, can imply a greater level of apprehension.

c1 δόξαν πονηρίας: "the reputation for immorality" (presumably the result of doing what he is ashamed of).

c2 δέδοικε μὲν οὖν: "no, he fears it". See on 4a8.

c5 πανταχοῦ: "in every place", a spatial metaphor, as it were one circle within another. Fear extends ἐπὶ πλέον, "more widely", because all αἰδώς is δέος, but not *vice versa*.

c6 μόριον: "a part". Piety and justice are similarly compared to *even* and number at d8.

c7 ἵναπερ: "exactly where".

c8 ἔπη ... γε: "I think you can follow me now?". The reason (γάρ) is that he can follow the example (GP 61).

c10 καὶ ἐκεῖ: with ἠρώτων. The reference is to 11e4–12a2, "back there as well".
λέγων: "meaning".

d3 φῶμεν: See on 6c4.

d4 οὔκ=οὐκ ἄλλως μοι δοκεῖ. See on 10b3.

d6 τὸ ποῖον μέρος: "which part". The article is not translated when added to interrogatives; it usually refers back to something previously mentioned (S 1186).

d7   εἰ ... ἠρώτας τι: "if you were asking me"; present contra-factual (for the tenses of ἠρώτας and εἶπον, see S 2310N). Verbs of asking can take internal (τι) and external (με) objects.
τῶν νυνδή, οἷον, "of our recent examples (or questions), like ... ".

d8   καὶ ... ἀριθμός: "and what this (kind of) number (i.e., even) really is". See 11b1.

d9   ὅτι ὃς ἄν: "that (it is) whatever (number) is". An isosceles triangle has two equal legs (a scalene triangle has none); an even number has two equal divisions.

e2   ὅσιον = τὸ ὅσιον, as at d7.
λέγωμεν: This and the following plurals = 1st pers. sing. (as at 6b1). λέγω + inf. = "tell to, order to", thus, μή not οὐ.

e5   τοῦτο ... τὸ μέρος: refers forward to τὸ περὶ τὴν τῶν θεῶν θεραπείαν, "that which is concerned with the care of the gods". This is Euthyphro's fourth main attempt at a defini-tion (see 5d8, 6e10, and 9e1).

e7   εἶναι: depends on δοκεῖ (e5).
τὸ λοιπὸν ... μέρος: "the remainder".

13a2   ἥντινα ὀνομάζεις: "what care you are referring to".
οὐ γὰρ ... οἰαίπερ: "for surely you do not mean the kind (τοιαύτην) ... which (οἰαίπερ)".

a4   λέγομεν γάρ: "for we *do* use the word in this way".
οἷον φαμεν: "as when we say". φαμεν here does not intro-duce indirect speech.
ἐπίσταται: + inf. = "know how to".

a7   ἱππική: sc. τέχνη.

a10   κυνηγετικός: "a huntsman", from κύων, ἄγω, "a leader of dogs".

b2   βοηλατική: "the herdsman's art", from βοῦς, ἐλαύνω.

b4   θεῶν = ἐστιν ἡ θεραπεία θεῶν.

b8   οἷον τοιόνδε: "some such thing as this", in apposition to ταὐτόν.
ἐπ' ἀγαθῷ ... ὠφελίᾳ: "is in some way for the good and benefit". The subject of ἐστι is θεραπεία πᾶσα from b7.

b10 βελτίους=βελτίονες. At c7, it=βελτίονας; at c8, βελτίω=
βελτίονα. The implications from b8 are drawn in the re-
verse order (see on 10b8).

c1 ἐπὶ βλάβῃ: "for the harm of". The whole construction is to
be supplied with ἐπ᾽ ὠφελίᾳ at c4.

c3 μά: used with negatives in oaths, except where preceded by
ναί, as at 5b8 (S 1596b).

c11 οὐδὲ γὰρ ἐγώ: "no, and neither do I ... ", like καὶ γάρ
(14a1); see on 2b3 (GP 111).

c12 πολλοῦ καὶ δέω: See on 4a3.
ἀλλὰ ... καὶ ἀνηρόμην: "but this was just the reason I
asked" (GP 308). For the verb form, see on 6c9. τούτου
refers forward to οὐχ ἡγούμενος.

d4 εἶεν: "well then", passing to the next point.

d5 ἥνπερ: sc. θεραπείαν; internal obj. of θεραπεύουσιν.

d7 ὑπηρετική τις: sc. θεραπεία (or possibly τέχνη). Socrates
speaks in the *Apology* of philosophy as his ὑπηρεσία to the
god.
θεοῖς: dat. because the related verb, ὑπηρετέω, takes a dat.
obj.

d9 ἔχοις ἄν: "would you be able to?"; see on 9b5.
ἡ ἰατροῖς ὑπηρετική: "which serves doctors", e.g., phar-
macy. It is put first in its clause for emphasis, before the
interrogative pronoun (S 2182c).
εἰς τίνος ἔργου ἀπεργασίαν: "for the accomplishment of
what end".

e1 τί δέ: See on 7d8.
ναυπηγοῖς: "ship-builders", from ναῦς, πήγνυμι.

e11 ἡμῖν ὑπηρέταις: Because Euthyphro does not answer the
question satisfactorily and Socrates attaches great impor-
tance to it (14c2–3), some editors have seen implied here
the *positive* teaching of the dialogue: that piety is moral
improvement or even philosophy itself (see on d7). Others
think that it is beside the point to seek a positive doctrine.

14a1 καὶ γάρ: "yes, and so do generals" (GP 110).
τὸ κεφάλαιον: "the sum and substance".

a2 αὐτῶν: probably neuter, referring to πολλὰ καὶ καλά
(13e12).

a6   αὐτῶν: with ἀπεργασίας, either neuter (as at a2) or masculine, referring to οἱ γεωργοί.

a9   τῶν . . . καλῶν: sc. τὸ κεφάλαιον.

a10 ἐργασίας=ἀπεργασίας. Plato likes this kind of variation (see on 7c10, κρίσιν).

a11 ὀλίγον . . . πρότερον: "a little while ago". The reference is to 9b4.

b1   πλείονος ἔργου ἐστὶν . . . μαθεῖν: "it requires rather a lot of work to understand"; see 9b4. For the gen. of quality, see S 1320; for the "absolute" comparative, S 1082d.

b2   ἁπλῶς: "simply", opposed to ἀκριβῶς above. The account is an amplification of that given in 12e6–8.
     κεχαρισμένα: "things pleasing".

b3   ἐπίστηται: See on 13a4.

b4   σώζει: "keep safe". τὰ τοιαῦτα is subject.

b5   τὰ κοινά: "the common (life) of cities".

b6   ἀνατρέπει: "upset". In σώζει and ἀνατρέπει, there may be an implied comparison of the πόλις to a ship.

b8   πολύ: with βραχυτέρων, adverbial acc., "in much fewer (words)".

b9   ὧν=τούτων ἅ (the reference is to 14a9–10).

c1   πρόθυμος: an echo of 11e3 and 11b4.
     δῆλος εἶ: "you are clear", i.e., "you cannot hide it". Personal for the more usual impersonal construction.
     ἐπ' αὐτῷ ἦσθα: "you were at the very question which (ὅ)".

c2   ἀπετράπου: <ἀποτρέπω, 2nd aor. mid. intrans.

c3   ἐμεμαθήκη: "I would by now have learned". For the tense, see S 2306a.
     νῦν δέ: See on 11a3.
     γάρ: anticipatory; see on 11c4. The infatuated lover follows every whim of the beloved.

c4   ἀκολουθεῖν: takes a dat. obj.
     ὅπῃ ἄν: "whatever direction".

c5   οὐχὶ ἐπιστήμην: sc. "do you not say holiness is". This is the final proposed account of τὸ ὅσιον. It is a pared down

version of the account at b2–7. Socrates omits κεχαρισ-
μένα, only to reintroduce it at 15b1.

c9   αἰτεῖν: "to ask x (acc.) for y (acc.)". See d10.

d1   αἰτήσεως: sc. παρὰ θεῶν. This is the final version of Euthy-
phro's account at 12e5. The article is very often omitted
with abstract substantives.

d3   συνῆκας: < συνίημι.

d4   ἐπιθυμητὴς γάρ εἰμι: "yes, for I am enamoured", the same
metaphor as τὸν ἐρῶντα, c3.

d5   χαμαί: "to earth" (sometimes, "on the earth"). The ex-
pression is proverbial, perhaps from arrows missing their
target (B).
πεσεῖται: The subject is (τοῦτο) ὅτι ἂν εἴπῃς.

d7   φῄς: sc. "that it is".
αὐτούς, ἐκείνοις: Both refer to the gods.

d9   τό γε ὀρθῶς αἰτεῖν: "to ask rightly", so, "the proper way of
asking", subject of ἂν εἴη.
δεόμεθα: "need", takes the gen.

d11 ἀλλὰ τί: "but what (else)?", so, "of course".

e1   αὖ: repeated redundantly in e2. The sentence is construed
like d9–10.

e2   ἀντιδωρεῖσθαι: "to give in our turn".

e3   διδόντα τῳ: "if one were to give someone". Agrees with
implied subject of inf.

e6   ἐμπορικὴ ... τέχνη: "a sort of art of conducting business
transactions". ἡ ὁσιότης is the subject.

e8   ἡδιόν: < ἡδύς, comparative. Sc. ἐστι: "if that is to your
taste" (S 1067); or the comparative force may be retained,
"if you prefer".

e9   ἀληθές: The interlocutors of the dialogues are always re-
quired to subscribe to the *truth* of what they say; no lesser
reason for saying it is accepted.

e10 ὠφελία: refers back to the explanation of θεραπεία, 13b8,
which Euthyphro should still be working with.

e11 ὧν=ἅ; see on 3c3.
ἃ μέν: answered by ἃ δέ at 15a2. It functions as an indirect
interrogative; see S 2668.

15a1   παντί: "to everyone".

       ἡμῖν: with ἐστιν, "for we have nothing good"; not with ἀγαθόν.

a2   ἃ δέ: "but (from the gifts) which".

a3   πλεονεκτοῦμεν: "get more than, have advantage over", + gen.; "or do we get so much (τοσοῦτον) more than they?".

a7   ἀλλὰ τί ... ταῦτα: "well (if they're not), what *would* these ... ?".

a9   οἴει: parenthetical, as οἶμαι, 8c10, etc.

       γέρα: <γέρας, nom. pl., "tokens of honour".

a10   ἄρτι: The reference, to κεχαρισμένα at 14b2, is picked up in the next line.

b2   φίλον: The holy might be useless to the gods and still dear to them. But the reference to φίλον makes Euthyphro reveal (inadvertently) the connection with the definition at 6e10 (προσφιλές).

b4   τοῦτο: refers forward to τὸ τοῖς θεοῖς φίλον.

b6   μάλιστά γε: "most certainly".

b7   θαυμάσῃ ... λέγων: "will you be surprised, when this is what you say?". The verb has a middle future.

       φαίνωνται μὴ μένοντες: "are revealed as ... ", i.e., "clearly do not stay put". "Seem to" normally is φαίνομαι + inf.

b8   ἐμὲ αἰτιάσῃ τὸν Δαίδαλον: (<αἰτιάομαι) "blame me, as a Daedalus, that I ... "

b9   αὐτὸς ὤν: "when you yourself are".

b10   καί: explanatory, emphasizing κύκλῳ, which is a new point to the metaphor, spelled out in b11.

       περιιόντα, neuter (contrast αὐτούς, b9); perhaps a reminiscence of τὰ ... ἔργα at 11c3, where the analogy with Daedalus was introduced.

c1   μέμνησαι: See on 6d9.

       ἐν τῷ πρόσθεν: refers to 10d12ff.

c2   ἐφάνη: See on 9c7.

c6   ἄλλο τι ἤ: See on 10d2.

c8   ἄρτι: at 10d12ff.

       ὡμολογοῦμεν: imperfect.

c12 ὡς: "since".

ἑκὼν εἶναι: absolute inf. with οὐκ ἀποδειλιάσω; "so far as my being willing goes", so, "willingly, at least".

ἀποδειλιάσω: <ἀποδειλιάω, "give up the fight" (δειλός= cowardly).

d1 μή με ἀτιμάσῃς: "do not scorn me", another reference to Euthyphro as ἐρώμενος (14c4).

προσσχών: <προσέχω, aor. part. (but προσέχων has better manuscript support).

d2 εἴπερ ... ἀνθρώπων: "if in fact *any* man does".

d3 οὐκ ἀφετέος εἶ: <ἀφίημι, "you must not be released". Proteus was a mythical figure who could change form at will but would answer if held onto.

d4 ᾔδησθα: <οἶδα.

d5 οὐκ ἔστιν ὅπως: "there is not how", so, "there is no way in which".

d6 θητός: <θής, "hired labourer".

διωκάθειν=διώκειν (S 490D).

d6–8 καὶ ... καί: "both ... and".

d7 παρακινδυνεύειν: explanatory inf., "in running the risk that". But something may be wrong with the text. τοὺς θεούς may be obj. of παρακινδυνεύειν (Allen). μή + fut. opt. after verbs of fearing is extremely rare (S 2229a).

d8 ᾐσχύνθης: ἄν has to be supplied from the previous line.

e1 σαφῶς: with εἰδέναι. See 4e4–5; in both cases an emphasis is put on οἴει, a *mere* opinion.

e3 εἰς αὖθις τοίνυν: "well, another time, then", (GP xlvi).

e4 ποι: It is possible that Euthyphro means he is not going to court. He may have had a change of heart as a result of the dialogue (Allen).

e5 οἷα ποιεῖς: "what are you doing!", exclamatory (often with vocative, S 2682).

e6 ὡς: "that", specifying the ἐλπίς.

e7 καὶ τῆς ... γραφῆς: καί=either "also" (i.e., as well as μαθών ...) or (if (2) is right below) "both", coordinate with καὶ δὴ καί in a3. The language is deliberately reminiscent of 5a4–b1, as are σοφός, τὰ θεῖα, αὐτοσχεδιάζω, and καινοτομῶ.

16a3   καὶ δὴ καὶ ... βιωσοίμην: either (1) a third dependent clause after ἐνδειξάμενος (15e7), like ὅτι ... γέγονα and ὅτι ... περί αὐτά, or (2) after ἐλπίδος (15e5), in which case either ὅτι βιωσοίμην is parallel to ὡς ... ἀπαλλάξομαι.

Bibliography

1) Commentaries
Platonis Euthyphro, J. Adam, Cambridge 1890.
Plato's Euthyphro and the Earlier Theory of Forms, R.E. Allen, New York 1970.
Plato's Euthyphro, Apology of Socrates, Crito, J. Burnet, Oxford 1924.
Plato: Euthyphro and Menexenus, C.E. Graves, London 1891.
Plato's Euthyphro, W.A. Heidel, New York 1902.

2) Studies of the *Euthyphro*
"Socrates on the Definition of Piety, Euthyphro 10a–11b", S.M. Cohen, *Journal of the History of Philosophy* IX 1971, 1–13.
"Plato's Euthyphro. An Analysis and Commentary", P.T. Geach, *Monist* L, 1966, 369–382.
History of Greek Philosophy, vol. IV, W.K.C. Guthrie, Cambridge, 1975, pp. 102–124.
"The Euthyphro Dilemma" D.M. MacKinnon, *Proceedings of the Aristotelian Society*, Supplementary Volume XLVI, 1972, 211–222, and the reply by H. Meynell.
"Plato's Euthyphro 10a–11b", T.D. Paxson, *Phronesis* XVII 1972, 171–190.
Plato's Earlier Dialectic, R. Robinson, Oxford 1953, esp. pp. 51–62.